Frida Luise Sommerkorn

Kaffeeduft und Meeresluft

Ostseeliebe 1

Kaffeeduft und Meeresluft

Ostseeliebe 1

Frida Luise Sommerkorn

epubli

Über die Autorin:

Frida Luise Sommerkorn alias Jana Thiem liebt das Reisen! Dabei spielt die Jahreszeit keine Rolle. Ob im Winter auf einer Skipiste, im Sommer am Ostseestrand, im Frühling auf einer Bergtour oder im Herbst durch den bunten Laubwald - überall holt sich die Autorin die Inspiration für neue Geschichten.
Im wahren Leben wurde Jana Thiem in Görlitz geboren und wohnt jetzt mit ihren Kindern im Zittauer Gebirge. Sie schreibt außerdem Kriminalromane, die in Sachsen spielen.

Lektorat / Korrektorat: Dorothea Winterling M.A.
Bildmaterialien © by Shutterstock 125699807, 136820912, 334962671, 453653680, 619581761, strawberry-272810, clothespin-1234530, plant-1052983
Umschlag: Anne Gebhardt, papierprintit GmbH, Konstanz

Informationen: www.autorin-jana-thiem.de

Druck: epubli - Ein Service der neopubli GmbH, Berlin

Prolog

Schon seit Stunden schwebten dicke Flocken vom eisgrauen Himmel. Wenn das so weiter ging, konnte sie ihr Café für heute schließen. Kein Mensch verirrte sich bei dem Wetter an den Rand des Ortes, um in ihren Büchern zu stöbern oder sich ein heißes Getränk aus ihrer reichlich bestückten Karte auszusuchen. Vielleicht konnte sie die Törtchen ihren beiden Freundinnen Anne und Caro vorbeibringen. Anne liebte die Kombination von Apfel und Zimt. Und bei Caro konnte sie zu jeder Zeit mit Nougattörtchen reinschneien.

Immer wieder wanderten ihre Gedanken durch den Flockenwirbel zum gestrigen Abend hin. Ein Lächeln huschte über ihr Gesicht. Ja, der Schneefall passte hervorragend dazu. Weiß, soweit das Auge sah.

Es war nicht so, dass sie völlig überrascht war. Vielleicht ein bisschen über den Zeitpunkt. Warum hatte er mit der Frage aller Fragen nicht bis zum Heiligen Abend gewartet? Aber so war Arthur nun mal. Der Weihnachtsabend gehörte seiner Familie. Das hatte Tradition. In den fünf Jahren, seitdem sie nun schon ein Paar waren, hatten sie noch kein einziges Weihnachtsfest zusammen gefeiert. Und wenn sie ehrlich war, kam ihr diese Tradition gerade recht. Arthurs Familie wohnte in einem der schönsten und größten Häuser in Ahrenshoop. Viele der wichtigen Posten in ihrem Heimatort bekleidete ein Familienmitglied der Barmstedes. Sie stammten ursprünglich von einem alten Rittergeschlecht ab, aber das war Jahrhunderte her. Trotzdem fühlte sich Stine in den heiligen Hallen der Barmstedes jedes Mal wie in einem Schloss. Die Säulen vor dem Hauseingang ließen schon erahnen, was sie im Haus erwarten konnte. Eine prunkvolle Halle, wo andere einen Flur hatten. Ein Hausmädchen, ein Koch und ein Gärtner waren das Mindeste, was Familie Barmstede sich leisten wollte. Schließlich musste man sich ja auf die wichtigen Dinge im Leben konzentrieren. Arbeit, Macht und die Erziehung der Kinder. Damit diese in die Fußstapfen der Eltern treten konnten. Die Barmstede Werft in Rostock war seit Jahrzehnten ein Familienbetrieb und das sollte auch so bleiben. Noch immer konnten sie gegen die großen Konzerne bestehen, aber nur mit viel Fleiß und Disziplin. Und das hatten schon die Kinder in jungen Jahren erlernen müssen. Matthias, der Älteste, war mittlerweile zum Juniorchef aufgestiegen. Arthur arbeitete als Prokurist in der Firma. Nach seinem Jurastudium war es ein langer Weg für ihn gewesen, seinen Vater davon zu überzeugen, dass er für diesen Posten geeignet war. Schließlich verließ der sich lieber auf seinen »alten« Prokuristen und Freund Karl. Aber als Karl im letzten Jahr so schwer an Rheuma erkrankt war, dass er lange Zeit ausfiel, war endlich die Stunde für den 33-jährigen Arthur gekommen.

Arthur gefiel der Job. Er war abwechslungsreich und verlieh ihm Macht. Er fühlte sich seinem Bruder überlegen, schließlich hatte der noch seinen Vater zum Chef. Arthur konnte gewisse Geschäfte allein vollziehen. Dafür hatte er sich auch durch das Jurastudium quälen müssen, wohingegen Matthias lediglich BWLer war.

Stine lächelte. So weltgewandt Arthur als Geschäftsmann auftreten konnte, so unbeholfen war er ihr am gestrigen Abend vorgekommen. Oder war es seine Unsicherheit? Schließlich war seine Familie noch nie glücklich über ihre Beziehung gewesen. Arthurs Mutter hatte immer etwas Besseres für ihn im Auge gehabt. Aber Arthur hatte all die Jahre zu ihr gestanden, wenn auch manchmal trotzig. Das mulmige Gefühl, was sie dann jedes Mal beschlichen hatte, wenn er bockig wie ein kleines Kind auf seine Familie schimpfte, hatte sie bisher erfolgreich beiseite schieben können. Sie war sich nicht sicher, ob die Beziehung zu ihr nicht nur Arthurs Rebellion gegen seine konventionelle Familie war. Seit gestern jedoch fühlte sich alles anders an.

Arthur hatte sie im Café abgeholt. Natürlich mit seinem neuen Mercedes SUV. Es war nicht so, dass sie in diesem Riesenschlitten nicht gut saß, aber diese protzigen Kisten waren ihr suspekt. Sie liebte es praktisch. Für sie war ein Auto ein Transportmittel, kein Prestigeobjekt.

Stine wandte sich vom Fenster ab und schlenderte langsam durch ihr kleines Café. Das war nicht der einzige

Unterschied. In vielen Dinge waren sie einfach sehr verschieden. Wie oft waren sie in den letzten Jahren aneinandergeraten. Oft hatte sie nachgegeben, fühlte sich ihm unterlegen.

Sie seufzte. Selten konnte sie ihn von ihren Ansichten überzeugen. Er blieb einfach hartnäckig bei seiner Meinung. Aber streiten wollte sie sich deshalb nie mit ihm. Sicher spielte die Erziehung eine große Rolle. Benehmen nach Knigge, Privatschule, Bedienstete ... wer würde da nicht glauben, dass er etwas Besseres wäre. Arthur war trotz allem ein lieber Mensch. Wenn man wusste, wie man ihn nehmen musste. Nur ganz selten fragte sie sich, ob er auch wusste, wie er sie zu nehmen hatte? Ob er ahnte, welchen Träumen sie aus tiefstem Herzen nachhing? Hatte sich gestern ein Traum erfüllt? Warum war sie dann so ruhig geblieben und hatte nicht vor Freude auf dem Tisch getanzt?

Sie waren mit dem SUV nach Stralsund gefahren und hatten im teuersten Restaurant der Stadt zu Abend gegessen. Bis dahin war ihr noch alles normal erschienen. Lediglich Arthur hatte etwas unruhig gewirkt.

Erst als er der Bedienung ein Zeichen gab, das Licht im ganzen Saal gedämmt wurde und eine herzförmige Torte umhüllt von vielen leuchtenden Wunderkerzen an ihren Tisch geschoben wurde, hatte sie eine Vorahnung gehabt.

Dann ging alles schnell. Arthur fiel vor ihr auf die Knie, zückte einen Ring mit einem riesigen Stein und bat sie, seine Frau zu werden.

Stine hatte nur noch ihren trockenen Hals gespürt. Gern hätte sie einen Schluck Wasser getrunken, aber das gehörte sich wohl nicht in so einem Moment. Die anderen Gäste im Saal hatten gespannt auf das Schauspiel geschaut. Sie hatte mehrmals kräftig schlucken müssen und an Arthurs Gesichtsausdruck gesehen, dass sie jetzt endlich etwas sagen müsste. Aber was? Wollte sie das wirklich? Mit ihm verheiratet sein? Und wo würden sie dann wohnen? Konnte sie ihr Café behalten? Würde seine Mutter das alles überhaupt gutheißen?

Am leisen Gemurmel der Restaurantbesucher hatte sie erkannt, dass es Zeit war. Noch einmal hatte sie geräuschvoll geschluckt, Arthur ihre Hand entgegengestreckt und leise »Ja« gesagt.

Tosender Beifall war daraufhin ausgebrochen. Zitternd hatte ihr Arthur den Ring an den Finger gesteckt und sie schließlich vor allen Leuten geküsst.

Erschöpft setzte sich Stine auf den Hocker hinter der Theke. Selbst jetzt spürte sie noch die Anstrengung, die sie die Zustimmung gekostet hatte. War das normal? Hätte es sich nicht leicht anfühlen müssen, wegen der vielen Schmetterlinge im Bauch?

Sie knabberte gedankenverloren an ihrer Unterlippe, als ihr Handy ein Piepzeichen von sich gab. Mit einem Auge schielte sie auf das Display. Eine Nachricht von Anne. »19 Uhr bei mir. Du hast viel zu erzählen!!!«, stand dort eingebettet in eine Unmenge von Herzchen. Es hatte sich also schon rumgesprochen. Ob es Arthurs Mutter auch schon erfahren hatte? Oder hatte er sie vorab sogar um Erlaubnis gebeten? Sie hatte ihn nicht fragen wollen. Das würde sie noch früh genug erfahren.

Stine straffte ihren Rücken und ließ den Blick durch das Café gleiten. Okay, dann heute wieder Mädelsabend. Eigentlich wie jeden Montag. Wochenendauswertung, wie Caro es immer nannte. Ein Lächeln huschte über ihr Gesicht. Vielleicht sollte sie heute einen ganz besonderen Mädelsabend daraus machen. Sie schnappte sich einen Korb und sammelte Leckereien aus der Kühltheke.

Als Raul ihr die Tür öffnete, staunte Stine nicht schlecht. Seit wann waren Männer in ihrer Montagsrunde zugegen?

»Keine Angst, beste Freundin, ich bringe die kleine Maus ins Bett und lege mich artig dazu, damit ihr ungestört klönen könnt«, grinste Raul. *Beste Freundinnen* nannte er sie und Caro schon immer. Was wohl daran lag, dass Anne unaufhörlich von ihren besten Freundinnen erzählt hatte, als sie sich kennengelernt hatten.

Stine fühlte sich ertappt. Oh Mann, hatte Raul so in ihrem Gesicht lesen können? Verlegen drückte sie ihm einen Kuss auf die Wange und schob sich leise kichernd an ihm vorbei in den Flur des kleinen Häuschens.

Raul war ein Bär von einem Mann und Annes Angetrauter. Sie war bisher die Einzige der drei Freundinnen, die es geschafft hatte, ihren Traummann zu heiraten. Was einerseits daran lag, dass Caro ihrem Prinzen noch nicht begegnet war und Stine ... nun ja, sie war ja nun quasi auf dem Weg dahin. Wobei ihr bei Arthur noch nie das Wort Traummann in den Sinn gekommen war. Sofort setzte wieder dieses undefinierbare Magengrummeln ein.

»Da ist ja unsere glückliche Braut!«, kreischte Anne ihr ins Ohr und umhalste sie so stürmisch, dass beide gegen die Flurgarderobe stießen und sämtliche Jacken und Mäntel den Abgang machten.

»Och Anne, immer mit der Ruhe. Sonst erlebe ich den Hochzeitstag nicht.« Stine rieb sich lachend mit der Hand über die schmerzende Stelle. Der Schirmständer war ihrem Rücken nicht gut bekommen.

»Wäre das denn so schlimm?«, hörte sie Caros dunkle Stimme in der Küche. Im nächsten Moment tauchte sie, drei Sektgläser balancierend, im Türrahmen auf und schaute Stine herausfordernd an.

Stine lächelte. Was würde sie nur ohne ihre Freundinnen tun! Die eine immer strahlend, optimistisch und ein wenig naiv. Die andere durchgestylt, skeptisch und kopfgesteuert. Trotzdem waren beide auf ihre Art herzensgut. Schließlich waren sie nicht umsonst schon seit der Schulzeit unzertrennlich. Im Städtchen wurden sie auch die »drei Seelchen« genannt. Was wohl noch auf ihre Grundschulzeit zurückging. Damals hatten sie jeden Nachmittag miteinander verbracht. Rollenspiele waren ihre Lieblingsbeschäftigung gewesen. Egal an welchem Ort. Und so kam es, dass manch ein Ahrenshooper ihnen am Strand oder vom Gartenzaun aus zugeschaut und so einiges über die drei Familien erfahren hatte. Zur Belustigung der Zuschauer, zum Ärger der Eltern, die ihr Privatleben lieber geschützt sahen. »Ach, die drei Seelchen«, hieß es dann immer, wenn sich mal wieder ein heimlicher Zuhörer nach dem schiefen Haussegen einer der drei Familien erkundigte. Schließlich ließen sich Streitereien besonders kreativ nachspielen.

»Caro, also wirklich«, gab Anne entsetzt von sich. Schnell bückte sie sich, um die Jacken wieder aufzuhängen und den Schirmständer zu richten. Kritisch beäugte sie ihn und strich vorsichtig über eine Delle am oberen Rand. Sie zuckte mit den Schultern.

»Warum sollte sich Stine denn nicht über den Antrag freuen? Schließlich sind sie und Arthur schon seit einer Ewigkeit zusammen. Da liegt es doch auf der Hand, oder?« Anne schaute erwartungsvoll zu Stine, die die Stirn kraus gezogen hatte.

Ja, das lag wohl auf der Hand. Warum nur blieb dann die überschwängliche Freude aus? Lag es vielleicht genau daran, dass sie schon so lange liiert waren? Waren fünf Jahre wirklich lang? Ach, was soll's! Stine nahm Caro ein Sektglas aus der Hand und prostete ihren Freundinnen zu.

»Auf uns, Mädels! Und dass wir uns trotz der männlichen Bedrohung nie aus den Augen verlieren!«

Caro und Anne stimmten lachend ein.

»Jetzt erzähl mal«, sagte Caro, nachdem sie es sich mit der zweiten Flasche Sekt und den vielen Leckereien aus Stines Café auf der Couch gemütlich gemacht hatten. »Wie hat es denn der werte Herr Baron angestellt? Ich nehme an, er hat alle Kellner im besten Restaurant am Platz bestochen und eine große Zeremonie aus seinem Antrag gemacht?« Sie zwinkerte Anne zu, die schon wieder in vorwurfsvolle Pose ging.

Stine nickte seufzend. »Genau so!«

»Wusste ich es doch«, klatschte Caro lachend in die Hände. »Da lässt er sich natürlich nicht lumpen! Geld regiert die Welt!«

»Ach Caro, ist doch nicht schlimm, wenn er ihr den Antrag auf seine Weise gemacht hat. Immerhin hat er sich was dabei gedacht und nicht einfach plump gefragt!«, antwortet Anne.

Stine knabberte an ihrer Unterlippe. Anne hatte recht. Natürlich wäre Stine ein Antrag im kleineren Rahmen lieber gewesen, aber so war es eben ein Arthur-Antrag. Der konnte einfach nur so sein. Es gab Zeiten, da hatte sie genau diese Unterschiede zwischen ihnen beiden geliebt. Vielleicht sollte sie sich mal wieder darauf besinnen. Den Anfängergeist heraufbeschwören. Und wenn sie ehrlich war, hatte es ihr natürlich auch geschmeichelt, dass er sie zur Frau haben wollte. Sie wusste ganz genau, dass er damit auf keine Gegenliebe bei seiner Familie traf. Und er hatte es trotzdem gemacht. Nur das zählte doch. Ihre zweifelnden Gefühle waren sicher nur Panik vor dem neuen Leben.

»Anne hat recht. Es hätte schlimmer kommen können!« Stine grinste in Caros Richtung. »Wollt ihr nun hören, wie der Abend in Stralsund war? Oder wollen wir das Thema wechseln?«

Caro lehnte sich schmunzelnd zurück und schloss die Augen.

»Lässt sich ja wohl nicht vermeiden.«

Anne seufzte gleichzeitig. »Au ja, bitte erinnere dich ganz genau. Ich möchte jedes Detail wissen. Und du darfst es auch gerne ausschmücken. Ich schmelze jetzt schon dahin.«

Sie lehnte sich ebenfalls zurück und nippte genüsslich an ihrem Glas.

Stine lachte. »Also dann ...«

Nachdenklich fuhr Arthur durch das große Tor über die ausladende Einfahrt bis zu seinem Elternhaus. Immer wieder ging er in Gedanken den gestrigen Abend durch. Und jedes Mal blieb er bei Stines Zögern hängen, als er vor ihr auf die Knie gegangen war.

Er hatte nicht erwartet, dass sie laut kreischend in seine Arme fiel. So war Stine nicht. Aber über ein bisschen mehr Begeisterung in ihrem Gesicht hätte er sich gefreut.

Langsam stieg er aus dem Wagen. Hatte sie etwas anderes erwartet? Der Ring war vielleicht ein bisschen zu edel für sie. Eigentlich wusste er ja, dass Stine die schlichte Schönheit bevorzugte. Und sicher hätte ihr ein Antrag in trauter Zweisamkeit besser gefallen. Im Rampenlicht zu stehen, gehörte nicht zu ihrem Wesen. Überhaupt war sie eine Frau, die gerne im Hintergrund blieb. Und genau deshalb fand er ja, dass sie gut zueinander passten. Schließlich musste er in seinem Job ständig an vorderster Linie stehen und überhaupt, ein Barmstede war dazu geboren, Führungsaufgaben zu übernehmen.

Und genau aus diesem Grund konnte der Heiratsantrag nur so ablaufen. Am liebsten hätte er noch seine ganze Familie dabei gehabt. Seine Eltern, seinen Bruder, seine Schwägerin ... Er war sich allerdings nicht sicher, ob nicht gerade diese Menschen seinen Antrag vereitelt hätten. Stine war nicht standesgemäß. Mit ihrem kleinen Schmökercafé passte sie nicht zu ihrem Anwaltssohn. Ein zukünftiger Besitzer einer Werft und eine Büchertante, wie es seine Mutter immer so treffend ausdrückte. Dass er die Büchertante liebte, spielte dabei eine Nebenrolle. Er konnte sich ja noch ein bisschen austoben und dann endlich auf die Empfehlungen seiner Eltern eingehen. Sie hatten da schon einige Damen in die engere Wahl gezogen.

Bevor er auf den Klingelknopf drückte, kontrollierte er noch einmal seine Kleidung. Schuhe waren blitzblank, Hosen gebügelt, Hemd mit Krawatte. Er schluckte. Jetzt galt es, diplomatisch vorzugehen und vor allem, seine Mutter erst um den Finger zu wickeln. Dann würde er das Donnerwetter über sich ergehen lassen müssen und hoffen, dass seine Familie sich bald an den Hochzeitsgedanken gewöhnen würde.

Stine

»Das darf doch alles nicht wahr sein!«, zischte Stine und schnappte gleich darauf heftig nach Luft, um sie geräuschvoll in ihre Lungen zu ziehen.

»Wie kann er mir so etwas antun? Was macht das denn für einen Sinn?« Trotz des kalten Aprilwindes joggte Stine beharrlich weiter. Der Strand war menschenleer, was ihr gerade recht kam. So konnte sie ihren Gefühlen freien Lauf lassen. Sie blieb immer knapp an der Wellengrenze, dort wo der Sand hart genug war, um nicht zu tief zu versinken. Allerdings lief sie heute unkonzentriert, deshalb war sie oft nicht schnell genug und die Gischt schäumte fröhlich kringelnd um ihre Laufschuhe.

Stine liebte diese raue Gegend. Der Kontrast vom friedlichen Ahrenshoop zum wilden Weststrand entlang der Steilküste und weiter gen Norden bis zur Eisentreppe, die sie wieder nach oben brachte. Je weiter sie sich vom Ort entfernte, um so freier fühlte sie sich. Heute allerdings hatte sie das Gefühl, sie könnte die ganz Halbinsel umrunden und trotzdem würde die Enge in ihrer Brust bleiben.

Allmählich ging ihr die Puste aus. Jetzt schon! Ihr Zorn war noch lange nicht verflogen.

Sie spürte ein heftiges Ziehen in der Seite. Ärgerlich blieb sie stehen und drückte ihre Hand gegen die schmerzende Stelle. »Weiß doch jedes Kind, dass man beim Laufen die Klappe halten soll«, murrte sie weiter.

Eine Gruppe geführter Strandwanderer walkte an ihr vorbei. Grinsend hob die Wanderleiterin die Hand.

»Na, wieder zu schnell gerannt?«, fragte sie dabei und das Grinsen wurde noch breiter. »Ich hab dir schon so oft gesagt, in der Ruhe liegt die Kraft. Genießen ist das Stichwort.«

»Jennifer, hi«, konnte sich Stine hinreißen lassen. »Vielleicht hätte ich vor dem Laufen keinen Kaffee trinken sollen.« Sie versuchte es mit einem lockeren Strahlen, was ihr mit Sicherheit misslang. Jedenfalls fühlte sich ihr Gesicht völlig schief dabei an.

»Kaffee ... klar!«, antwortete Jennifer und winkte ihr noch einmal halbherzig zu. »Auf geht's, meine Damen und Herren!«, spornte sie gleichzeitig ihre Schützlinge an. »Wir wollen doch zum Abendessen wieder zuhause sein.«

Die fröhlich schnatternde Gruppe entfernte sich zügig.

Ausgerechnet Jennifer! Die Erinnerung an damals nahm ihr noch immer die Luft. Egal, wie lange es nun schon her war, sie konnte dem Schmerz einfach nicht entkommen. Und Jennifer auch nicht. Schließlich wohnten sie beide in Ahrenshoop.

Stines Atmung ging immer schwerer. Bewegen! Sie musste sich bewegen, bevor sie platzte. Aber alles, was ihr Körper tat, war, auf der Stelle zu trippeln. Immer schneller. Hoffentlich war die Gruppe schon weit genug entfernt. Am Ende glaubten die noch, dass sie dringend auf Toilette musste. Sie wusste, dass der akute Anfall von Zappelei gleich vorbei sein würde. Konnte sie es jemals lernen, bei unangenehmer Aufregung ihre Gliedmaßen unter Kontrolle zu halten? Gegen den Willen ihres Körpers setzte sie sich an den Wegrand und ließ sich ins Gras fallen. Sie schloss die Augen und schüttelte ihre angewinkelten Beine aus. Sie konnte sich nicht mehr erinnern, wann sie mit diesem Ritual begonnen hatte. Sie wusste nur, dass es genau das Richtige war, um aufgestauten Druck loszuwerden.

Als Stine die Augen wieder öffnete, fühlte sie sich befreit. Der Abendhimmel hüllte sie ein. Erst jetzt spürte sie, wie sehr sie fror. Schnell sprang sie auf und machte sich joggend auf den Heimweg.

Vielleicht war ja doch alles gar nicht so schlimm. Bestimmt konnte Arthur davon überzeugen, dass sie dem Wunsch seiner Mutter niemals entsprechen konnte. Er hatte doch Augen im Kopf. Er kannte sie besser als jeder andere Mensch. Und vor allem, er liebte sie. Sicher würde sich bald alles wieder zum Guten wenden.

Trotzdem wollte das mulmige Gefühl nicht weichen. Der hämische Blick ihrer zukünftigen Schwiegermutter, den sie ihr mit samt dem Brautkleid zugeworfen hatte, ließ sie nicht mehr los.

Arthur

Wütend drückte er auf den Knopf der Fernbedienung, damit die DVD aus dem Rekorder fuhr. Entweder waren die Batterien schon wieder leer, oder er musste sich einen neuen DVD-Rekorder zulegen. Von seiner Familie wurde er deswegen schon ausgelacht. Solche altmodischen Geräte gab es bei den Barmstedes nicht mehr. Aber was sollte er tun? Seine alten DVDs konnte er nicht entsorgen. Die waren ihm heilig.

Wenn er abends, nach einem anstrengenden Arbeitstag, den Fernseher anmachte, konnte er es oft kaum ertragen, was da so lief. Aktuelle Nachrichten hörte er schon im Büro genug und auf Krimis oder Kochshows hatte er keine Lust. Selten, dass ihn mal ein amerikanischer Film begeisterte.

Dann doch lieber seine eigenen Serien. Jede davon drehte sich um Anwälte und Gerichte in den USA. Und davon gab es viele. Law & Order, Boston Legal, Conviction und so fort. Wenn die flippigen Staranwälte mit ihren schwarzen Roben und den geistreichen Sprüchen über den riesigen Bildschirm in seinem Wohnzimmer flimmerten, dann konnte er endlich abtauchen. Die Erfolgswelt gegen den langweiligen Alltag zwischen Ahrenshoop und Rostock austauschen.

Natürlich war sein Job in der Firma seines Vaters wichtig und auch abwechslungsreich, aber es drehte sich eben alles um Schiffe. Kleine, große, teure oder gebrauchte, alles was das Seemannsherz begehrte. Dumm nur, dass er kein Seemann war. Und es auch nie werden würde.

Seine Familie besaß standesgemäß einige Jachten in diversen Größen, aber er nahm nur selten an den Ausflügen teil. Stine wäre da schon eher zu begeistern gewesen. Natürlich wieder im kleineren Stil. Eine Jolle würde es auch tun. Die besaß Familie Barmstede aber nicht. Und auch damit hätte Stine ihn nie dazu gebracht, selbst segeln zu gehen.

Seine Welt war die Gerechtigkeit. Oder besser, das Kämpfen darum. Sich für andere einsetzen, Zusammenhänge erkennen, Recherchen anstellen, Zeugen finden, Mandanten geschickt befragen und der Öffentlichkeit ein glänzendes Schlussplädoyer entgegenschmettern, das waren die Dinge, von denen er träumte. Am liebsten in Amerika. Wie oft hatte er mit seinen Eltern gesprochen, sie angefleht, ihn ein Auslandsjahr machen zu lassen, ihn Erfahrungen sammeln zu lassen. Keine Chance. Die Firma brauchte ihn. Und das hatte sich bis jetzt nicht geändert. Warum konnte er sich einfach nicht gegen seine Familie durchsetzen? Er war schließlich Anfang 30, da musste er nicht um Erlaubnis bitten. Aber aus unerfindlichen Gründen kam er aus den Fängen der Barmstedes nicht heraus, fühlte sich klein und unbedeutend, wenn sein Vater sprach. Und gegen seine Mutter hatte niemand eine Chance. Sie war die heimliche Chefin des Familienunternehmens. Auch wenn sie nie wirklich in der Firma gearbeitet hatte, alle wichtigen Entscheidungen gingen trotzdem über ihren Schreibtisch. Sein Vater würde nie einen Abschluss machen oder einen Auftrag annehmen, ohne es mit ihr besprochen zu haben. Und so handhabte es auch sein Bruder. Und so handhabte es auch er selbst.

Seufzend rappelte er sich endlich von der ausladenden Couchlandschaft auf und verstaute die DVD in der Hülle. Und dann jetzt auch noch die Geschichte mit dem Brautkleid. Er wusste ganz genau, warum seine Mutter darauf bestand. Sie meinte zwar, das hätte Familientradition, aber so recht konnte er nicht daran glauben. Seine Schwägerin konnte sich schließlich auch ihr Kleid selbst aussuchen. Was vielleicht aber auch daran lag, dass sie schon im sechsten Monat schwanger war, als sie geheiratet hatten.

Aber so ähnlich war es doch jetzt bei Stine auch. Wobei Stine der Vergleich natürlich gar nicht gefallen hatte. Arthur musste grinsen. War ja vielleicht auch ein bisschen zu viel des Guten gewesen. Eigentlich hatte er sich selbst so Luft machen können und Stine zeigen wollen, dass er nicht einer Meinung mit seiner Mutter war. Aber was bedeutete das? Wenn Stine diese Bedingung nicht erfüllte, dann würde seine Familie die Hochzeit boykottieren?

Arthur überlegte. Im Grunde könnte er damit leben, seiner Familie an seinem Hochzeitstag nicht in die pikierten Augen schauen zu müssen. Aber wer würde dann noch zu ihrer Hochzeit kommen? Stines Busenfreundinnen und sein Freund Klaas, der auch Trauzeuge sein sollte. Hm, auch ein bisschen ärmlich, dachte er.

Ach, was soll's. Sie würden schon eine Lösung für das Problem finden. Auch wenn Stine ziemlich sauer war, als sie heute Nachmittag vom Anwesen der Barmstedes nach Hause aufgebrochen waren. Eigentlich hatten sie sich einen schönen Fernsehabend machen wollen. Gemeinsam. Aber daraus wurde dann nichts mehr. Nicht nach seiner Äußerung zu ihrer Figur. Dabei hatte er es doch nur gut gemeint, wollte signalisieren, dass er auf ihrer Seite war. Frauen war echt kompliziert.

Anne

Mit verträumten Augen saß Anne vor der Staffelei im kleinen Dachzimmer ihres Häuschens. Der Blick an der weißen Leinwand vorbei durch das winzige Fenster hinüber zum Deich löste in ihr jedes Mal unglaubliche Vorfreude aus. Ein warmes Kribbeln kroch über ihren Rücken bis in jede Haarwurzel. Zärtlich nahm sie einen Kohlestift in die Hand.

Sie versuchte, sich zu erinnern, was sie soeben bei ihrem Online-Malkurs gelernt hatte. Der attraktive José hatte sie zwar auf spanisch begrüßt und sein Wissen auch in dieser Sprache weitergegeben, aber dank der englischen Untertitel konnte sie ungefähr erahnen, was er ihr sagen wollte. Ja, bei jedem Blick in seine dunklen Augen schmolz sie dahin. Und sein Lächeln war einfach atemberaubend. An irgendjemand erinnerte er sie. Kurz zog sie die Stirn kraus, ließ es dann aber bleiben, weiter darüber nachzugrübeln. Lieber wollte sie noch dem Gefühl von Hingabe und Freiheit nachspüren, das sie während des ganzen Kurses überkommen hatte.

Zu dumm, dass sie nicht gleichzeitig schauen und zeichnen konnte, so wie es eigentlich vorgesehen war. Der Computer stand in Rauls Arbeitszimmer und ihre Staffelei hatte sie vorsorglich in ihrem Dachzimmer versteckt. Noch war die Zeit nicht gekommen, ihrem Mann davon zu erzählen.

Anne ließ die Zunge über ihre Lippen gleiten. Vorsichtig hob sie ihre Hand und legte den Kohlestift auf die Leinwand. Nur keine Angst, hatte José sie ermuntert. Das war leichter gesagt als getan. Ihre Hand begann zu zittern und hinterließ kleine schwarze Flecken auf der weißen Fläche. Behutsam wischte sie mit den Fingern darüber, nur um den Fleck noch größer werden zu lassen. Das fing ja gut an!

Mutlos ließ sie ihre Hand wieder sinken. Vielleicht war das ja doch nichts für sie. Enttäuscht schaute Anne zur Seite auf die große Auswahl an Stiften, Pinseln und Farben, die sie sich vor einiger Zeit Stück für Stück zugelegt hatte. Sollte das alles umsonst gewesen sein?

Wieder ließ sie ihre Gedanken zu José und seinen Zauberhänden gleiten. Bei ihm sah alles spielerisch leicht aus. Er setzte seinen Stift einfach an und schwungvoll glitt er über die Leinwand. Schon nach wenigen Strichen konnte man eine wunderschöne Form erahnen. Perfekte Rundungen, anmutige Haltung, zartes Gesicht. Anne seufzte. Wie anmaßend war es von ihr gewesen, zu glauben, dass sie es ihm einfach gleichtun konnte. Natürlich nicht so perfekt, aber doch wenigstens mit Gefühl.

Und jetzt saß sie hier und hatte keine Ahnung, wie sie den ersten Strich aufs Papier bringen sollte. Das war doch lächerlich. Sie spürte, wie eine Welle der Wut durch ihren Körper rollte. Da hatte sie sowieso schon so wenig Zeit und dann stellte sie sich einfach nur dämlich an. Gut, dass sie noch mit niemandem darüber gesprochen hatte. Gleich morgen würde sie den ganzen Kram entsorgen.

Sie sprang zornig von ihrem Hocker auf und trippelte unruhig vor der Leinwand herum. Von wegen Künstlerin! In Gedanken hatte sie schon hunderte solcher Bilder, Skizzen oder Zeichnungen gemacht. Und immer hatte es sich leicht angefühlt. Jedes Mal hatte sie sich mit einem Lächeln im Gesicht vor der Staffelei sitzen sehen. Und jetzt? Sie ballte die Fäuste und schaute mit zusammengezogenen Augenbrauen auf die weiße Fläche. Ihr Puls beschleunigte sich. Und jetzt? Wie ein Mantra flüsterte sie die Frage rauf und runter. Ein Ruck ging durch ihren Körper. Aus dem grimmigen Blick wurde ein teuflisches Grinsen.

»Jetzt werde ich es euch zeigen!« Wobei ihr egal war, wen genau sie mit *euch* meinte. Sie nahm den Kohlestift wieder zur Hand und begann, wie wild Striche und Kreise auf die Leinwand zu ziehen. Ihre Hand flog von rechts nach links, die Finger wischten die Weichheit ins Bild. Sie zog nach und betonte, pustete sich die Haare aus dem Gesicht, tänzelte aufgeregt herum und blieb abrupt stehen.

Was war denn das? Ihr Atem war noch immer beschleunigt. Noch nie in ihrem Leben hatte sie so ein tiefes Gefühl von Loslassen gehabt. Als würde der ganze Ärger durch ihre Hände über den Kohlestift auf das Bild fließen.

Erschöpft schaute sie sich ihr Kunstwerk an. Schön war es nicht gerade. Aber es hatte Symbolkraft. Es fühlte sich mächtig an, zog sie in ihren Bann. Wahrscheinlich würden alle anderen es als Gekritzel abtun, aber für sie hatte es etwas Befreiendes.

Anne begann zu lächeln. Das Grinsen wurde immer breiter, bis es in einem regelrechten Lachflash endete. Endlich hatte sie gefunden, wonach sie so lange gesucht hatte. Ob sie José schreiben sollte, was er ihr soeben geschenkt hatte? Tränen rannen ihr über die Wangen, so erleichtert fühlte sie sich.

Das Weckerklingeln holte sie in die Wirklichkeit zurück. Noch zwanzig Minuten Zeit, dann würden Raul und Linnea hier sein. Schnell machte sie sich daran, alle Utensilien wieder unauffindbar zu verstauen.

»Princesa, du weißt doch, dass ich heute Training habe!« Raul schaute Anne mit seinen großen dunklen Augen an.

Gott, wie sehr sie diesen Mann liebte. Anne schmolz jedes Mal dahin, wenn Raul sie mit Princesa anredete. Seine Eltern waren irgendwann aus Spanien nach Deutschland gekommen. Und obwohl Raul in Deutschland geboren war, hielt sein Wortschatz immer wieder süße spanische Liebkosungen für sie bereit.

»Ach, mein Liebster ...« Ob die deutschen Kosenamen für Spanier ähnlich zärtlich klangen? Wenn er sie mit seiner weichen, singenden Aussprache bezirzte, fühlte Anne sich immer richtig plump. Deutsch sei eine harte Sprache, hatte Raul immer gesagt. Deshalb hatte sie sich angewöhnt, ganz sanft mit ihm zu sprechen. In der Hoffnung, dass Raul die Härte der Sprache überhörte und ihre Liebe spürte. Auch jetzt schien es wieder zu wirken.

Für einen kurzen Moment schloss Anne die Augen und ließ noch einmal Stines Nachricht vorüberziehen. »Brauche dringend eure Hilfe! Weiß nicht weiter! Hochzeit in Gefahr! Treffen heute Abend bei mir?«

Nein! Ihre Freundin war eindeutig in Not! Und das musste auch ihr Raul verstehen!

»Schatz, wenn du einmal nicht ins Training gehst, passiert doch nichts, oder? Du wirst doch nicht gleich aus der Mannschaft geschmissen?«, hakte sie vorsichtig nach und spürte sofort, dass Raul nicht mit dieser Antwort gerechnet hatte.

Mann, war das denn so schwer zu verstehen? Stine brauchte sie. »Stine braucht mich! Es scheint irgendwas mit der Hochzeit zu sein. Und ich möchte für sie da sein«, legte Anne noch einmal nach.

So sehr ihr das eigentlich selbst missfiel. Schließlich hatten sie eine Abmachung. Raul konnte seinem Basketballtraining nachgehen und am Wochenende manchmal sogar auf ein paar Spiele fahren, dafür konnte sich Anne abends für ihre Mädelstreffen Zeit nehmen. Jeder einen Abend in der Woche. Den Rest verbrachten sie gemeinsam, mittlerweile auf dem Sofa. Seit Linnea da war, konnten sie keine spontanen Abendausflüge mehr machen. Und die Großeltern waren auch nicht immer greifbar, da alle noch berufstätig waren und somit ihren Feierabend verdient hatten. Ab und an stahlen sie sich an einem Wochenende für ein Abendessen oder Kinobesuch aus dem Haus. Wenn sie Glück hatten, sprangen dann ihre oder seine Eltern ein. Oder ein Babysitter musste herhalten.

»Ihr habt euch diese Woche schon getroffen! Ich bin dran«, antwortete Raul beleidigt.

»Nea Hunner!« Plappernd trippelte ihre Tochter in die Küche und hob ihrem Papa die Ärmchen entgegen. Damit war dann wohl die Entscheidung gefallen, dachte Anne innerlich grinsend. Seiner Tochter konnte Raul nie etwas abschlagen. Auch jetzt leuchteten seine Augen liebevoll. Er nahm Linnea auf den Arm und kitzelte ihren Bauch.

»Die kleine Maus hat schon wieder Hunger? Du wirst noch zu einem kleinen Möpschen werden.« Kreischend bog Linnea ihren Körper durch. Dabei schaute Raul Anne zärtlich an.

»Ich wünsch dir einen schönen Abend, Princesa!«, flüsterte er und hauchte ihr einen Luftkuss zu.

Eifrig beschäftigte er sich wieder mit seiner Tochter. Anne nutzte die Gelegenheit, um in den Flur zu entschwinden. So bekam Linnea gar nicht erst mit, dass ihre Mama noch mal wegwollte und sie heute nicht ins Bett bringen würde.

Stine

»Eier, Butter, Schafskäse ...«, murmelte Stine und kramte dabei in ihrem Kühlschrank herum.

Auch wenn ihr heute ganz gar nicht danach war, sich gemütlich den Bauch vollzuschlagen, sollten wenigstens ihre Mädels nicht drunter leiden müssen. Und die verließen sich darauf, dass es immer besondere Leckereien bei ihr gab.

Neben dem Lesen gehörten Kochen und Backen zu Stines Leidenschaft. Daher hatte sie auch vor sechs Jahren den Mut aufgebracht und ihr kleines Büchercafé eröffnet. Caro und Anne waren sofort begeistert gewesen und hatten ihr jede freie Minute mit Rat und Tat zur Seite gestanden. Mit der Zeit hatte sich ihr Café *Schmökergenuss* in ein Paradies für Bücherfreunde und Kaffeetrinker verwandelt. Jeden Tag probierte sie delikate Besonderheiten aus. Kleine Törtchen, Desserts im Glas oder Petits Fours für ihre süßen Gäste. Süppchen, Käseplatten oder Sandwiches für die Herzhaften unter ihnen. Besonders lagen ihr die Cupcakes am Herzen. Verschiedene Füllungen mit diversen Häubchen, aus Schoko oder Marzipan, als Blümchen oder Schmetterling, mit Früchten oder Nüssen verziert, hier konnte sie ihrer Fantasie freien Lauf lassen. Wenn sie mal wieder einer neuen Kreation auf der Spur war, verzückte es sie immer wieder, mit einem Törtchen in der einen Hand und einem Espresso in der anderen auf die kleine Terrasse vor das Café zu treten, sich die Sonne auf die Nase scheinen zu lassen, den Weitblick übers Meer zu genießen und sich voll und ganz dem Geschmackszauber hinzugeben. In solchen Momenten war die Welt in Ordnung.

Aber das war sie nun mal im Moment ganz und gar nicht. Deshalb gab es heute auch keine Cupcakes, sondern Rotkohlkuchen. Passte auch viel besser in den Abend und zum kaltgestellten Prosecco.

Drei Stunden, zwei Flaschen und ein fast geleertes Rotkohlkuchenblech später fühlte sich Stine schon wesentlich wohler. Diese Kombination aus Rotkohl, Schafskäse und dem herzhaften Boden vertrieb oft die miesesten Gedanken. Dazu prickelnder Secco, zwei quietschvergnügte Freundinnen an der Seite und die Stimmung stieg weiter und weiter.

»Boah Stine, das war wieder so was von lecker!«, grummelte Caro zufrieden ins Sofa gekuschelt und hielt sich ihren Bauch. »Kann ich mich nicht jeden Abend bei dir einladen?«

»Klar, und dann wieder jammern, woher plötzlich diese Speckrollen kommen. Du bist doch unsere Ernährungsexpertin. Kein Öl in die Pfanne, abends keine

Kohlenhydrate und am besten nie wieder Alkohol.« Anne grinste schief aus der anderen Sofaecke und prostete ihrer Freundin zu.

»Das war in meiner Sturm- und Drangphase ... letzte Woche. Jetzt ist Genuss angesagt! Stimmt's, Stine? Wir müssen das Leben noch genießen, bevor du in den Hafen der Ehe schipperst und keine Zeit mehr für uns hast.« Caro schmiss dramatisch die Hände in die Höhe und verzog entschuldigend das Gesicht, als dabei reichlich Secco aus ihrem Glas schwappte.

»Apropos ... warum hast du uns denn so eilig heute zusammengerufen?«, hakte jetzt Anne bei Stine nach und versuchte, eine aufrechtere Position auf dem weichen Sofa zu finden.

Stine hatte es sich in einem ausladenden Sessel gegenüber gemütlich gemacht. Erstens war der Weg in die Küche kürzer und zweitens hatte sie so ihre Freundinnen besser im Blick. Die beiden kabbelten sich gern, manchmal auch nicht nur verbal. Je nach Stimmung flogen schon mal ein paar Kissen. Was Stine sich dann amüsiert aus einiger Entfernung ansehen konnte.

Jetzt allerdings schauten beide Freundinnen gespannt in ihre Richtung. Stine wurde ganz mulmig. Schon den ganzen Abend hatte sie überlegt, wie sie ihren Freundinnen erklären sollte, dass entweder die Hochzeit nicht stattfinden konnte, sie ab jetzt nur noch hungern musste oder, was noch besser war, sie ihrer zukünftigen Schwiegermutter jeden Tag ein präpariertes Häppchen vorbeibringen musste, damit sie die Hochzeit auf der Toilette statt an der Seite ihres geliebten Sohnes verbringen würde. Letzteres war zwar verlockend, aber natürlich absurd.

Sie hatte noch mehr als drei Monate Zeit, sich entweder in das verhasste Brautkleid reinzuhungern oder ... Ja, was oder? Was war die Alternative? Arthur hatte nicht den Eindruck gemacht, als würde er wirklich zu ihr stehen können, wenn sie das Brautkleid ablehnen würde. Aber was war das denn für eine Basis für ihre Beziehung? Sollten sie nicht bedingungslos zueinanderhalten? Andererseits arbeitete Arthur im Familienunternehmen der Barmstedes und musste dort natürlich auch für gutes Klima sorgen. Durfte sie wirklich so egoistisch sein und ihn vor die Wahl stellen? Oder hatte sie einfach nur Angst davor, dass er sich für seine Familie und nicht für sie entscheiden würde?

Stine seufzte und wischte sich mit der flachen Hand über die Stirn. Ach, was waren denn das für Gedanken? Vielleicht sollte sie diese ganze Brautkleidgeschichte einfach zum Anlass nehmen und ein bisschen an ihrem Gewicht arbeiten. Sie hatte doch sowieso vor, bis zur Hochzeit noch ein paar Rundungen loszuwerden. Warum dann nicht gleich richtig? Da gab es bestimmt irgendwelche Mittel, die sie zur Unterstützung nehmen konnte. Und nach der Hochzeit würde sie wieder schlemmen können. Da machten dann sicher ein paar Pfunde mehr nichts aus.

Die innere Kampfansage an ihre zukünftige Schwiegermutter bereitete Stine zwar Bauchschmerzen, aber so kam sie wenigstens darum herum, ihren Freundinnen von der ganzen Sache erzählen zu müssen. Nicht, dass sie es ihnen nicht gern anvertraut hätte, aber sie wollte nicht, dass sie wieder über Arthur herziehen konnten. Sie wusste ja selbst, dass bei ihnen die Schmetterlinge fehlten und sie irgendwie grundverschieden waren. Aber Stine kannte auch den warmen und weichen Arthur. Der, der liebevoll und zärtlich sein konnte. Der Ideen und Träume hatte. Das waren die Eigenschaften, die sie an ihm liebte. Wer brauchte da schon Schmetterlinge! Eine solide Basis machte sicher längerfristig glücklich als himmelhochjauchzende Liebesgefühle. Sie hatte schon einmal ihr Herz an einen Mann verloren, der es plötzlich nicht mehr wollte. Das würde ihr nicht noch einmal passieren. Also: Arthur und das Brautkleid.

Stine spürte, dass sie zwei Augenpaare eindringlich betrachteten. Braune, sehr besorgte Augen und blaue, skeptisch dreinschauende. Nein, es war besser, wenn sie Anne und Caro nichts von alledem erzählte. Das würde sie schon alleine hinbekommen. Also schnell eine andere Geschichte aus dem Ärmel zaubern ...

Caro

»Hm, findest du nicht auch, dass Stine sich irgendwie komisch verhalten hat?«, fragte Anne nachdenklich, als sie neben Caro den schmalen Sandweg entlanglief.

Nachdem Stine alles losgeworden war, hatten sie noch ein Glas Sekt zusammen getrunken, aber die fröhliche Stimmung war nicht wieder aufgekommen.

»Da stimmt doch was nicht, oder?« Anne schaute Caro jetzt von der Seite an. Sie wusste, dass Caro die Dinge oft pragmatischer sah, als sie selbst. Umso erstaunlicher war es, dass Caro jetzt nickte.

»Das Gefühl hatte ich auch. Erst ruft sie uns panisch zusammen und dann erzählt sie, dass sie es unmöglich findet, dass sich Frau Barmstede in die Planung zur Hochzeit einmischt? Was hatte sie denn erwartet? Das lag doch wohl auf der Hand, dass Stine bei den Vorbereitungen nicht viel zu sagen haben würde.«

Caro hakte Anne unter und gemeinsam schlenderten sie weiter. Die Nächte waren noch recht kühl, aber es lag schon ein facettenreicher Frühlingsduft in der Luft. Die Forsythien und Mandelbäumchen blühten und die Kirschbäume erstrahlten in weißer Blütenpracht.

»Ja und jetzt? Wollen wir sie noch mal darauf ansprechen?« Anne zog mit der freien Hand ihre Jacke fester um ihren Körper.

»Du kennst doch Stine! Sie sagt uns sowieso nur das, was sie will und auch nur dann, wann sie will. Da werden wir nicht viel rauskitzeln«, antwortete Caro nachdenklich. »Lass uns einfach abwarten, wie es ihr in nächster Zeit geht. Vielleicht passiert ja doch noch ein Wunder und ...«

Anne knuffte Caro in die Seite. »Sprich es nicht aus! Wenn Stine ihren Arthur heiraten will, dann werden wir sie unterstützen. Du hast ja selbst gerade gesagt, dass sie sowieso das tut, was sie für richtig hält. Also ...«

Sie zog ihre Freundin zur Abschiedsumarmung ein Stück nach unten. Mit ihren 1,58m war sie es gewohnt, sich die großen Leute zurechtzubiegen, wenn sie sie drücken wollte.

Die große Weltkarte nahm fast den ganzen Platz zwischen ihrem Kleiderschrank und dem Fenster ein. Überall verteilt steckten kunterbunte Fähnchen mit kleinen Notizen daran.

Caro saß gemütlich an ihrem ausladenden Schreibtisch aus Holz. Sie hatte die Beine auf der Tischplatte abgelegt und las in einem Reiseführer. Jeden Abend zog sie wahllos ein Buch aus dem Bücherregal und blätterte darin. Da es ausnahmslos Reiseführer waren, die unsortiert im Regal standen, war sie immer wieder aufs Neue gespannt, wohin sie die Zeilen tragen würden.

Heute hatte sie eines ihrer Lieblingsreiseziele erwischt. Australien! Wie sie die Hochglanzbilder des Outbacks jedes Mal faszinierten! Sehnsuchtsvoll strich sie über Abbildungen von meterhohen Wellen, rotem Sand, dem Uluru oder dem imposanten Opernhaus von Sydney. Die Beschreibungen zu den Bildern konnte sie auswendig. Wenn sie jemals dorthin kommen sollte, brauchte sie keine Erklärung mehr zu den Sehenswürdigkeiten dieses wunderschönen Landes. Aber wann würde das sein?

Caro rappelte sich mühsam auf und streckte ihre Glieder. Ihr Allerwertester fühlte sich an, als ob er schon schlafen würde. Stocksteif schlurfte sie zum Regal und verstaute das Buch wieder in einer freien Lücke. Das war die Idee dahinter. Keine Lektüre hatte einen festen Platz. Nur so konnte sie jeden Abend am Regal entlangschlendern und mit geschlossenen Augen einen Reiseführer oder Bildband herausziehen.

Caro spürte noch immer den Sekt, den sie im Laufe des Abends bei Stine genossen hatte. Oh Mann, der Rotkohlkuchen war wirklich lecker gewesen und dazu der trockene Sekt, einfach genial. Manchmal hatte Caro das Gefühl, dass Stine mit ihren Schmankerln die Menschen verzaubern konnte. Jedenfalls wirkte es bei ihr immer wieder. Ob es Stine wohl auch helfen konnte? Caro machte sich Sorgen. Irgendetwas war heute Abend anders an ihrer Freundin gewesen. Erst der Hilferuf, dann der grübelnde Blick und zu guter Letzt die fadenscheinige Erläuterung, dass ihre zukünftige Schwiegermutter eher ein Schwiegermonster war. Aber das wussten sie doch schon lange. Auch wenn Anne ständig versuchte, die Barmstedes in Schutz zu nehmen und Stine gut zuredete, sie ließ sich nicht täuschen. Schon nach dem Heiratsantrag hatte ihr Stine nicht gefallen. Viel wusste Caro ja nicht von langwährenden Beziehungen, aber sie glaubte schon, dass bei der Idee, für immer zusammenbleiben zu wollen, mehr Gefühl, mehr Vorfreude dabei sein sollte.

Sie selbst zog es vor, sich nicht so fest zu binden. Mit Arne konnte sie wunderbar plaudern. Er dachte sowieso wie eine Frau. Vielleicht war da was dran, dass Frauen mit schwulen Männern die tollsten Gespräche führen konnten. Na jedenfalls war er ihr Lieblingskumpel.

Jens war anders. Der brauchte Action. Laufen, schwimmen, radeln, surfen oder inlinern, das waren ihre gemeinsamen Aktivitäten.

Und dann gab es noch Torsten. Der kam ihrem Idealbild von einem Mann schon ziemlich nahe, war aber viel zu ängstlich. Immer wieder fragte sie sich, wie so ein Bär von einem Mann Schiss bei hoher Geschwindigkeit oder großer Höhe haben konnte. Aber Torsten liebte das Theater, teilte ihre Leidenschaft für fremde Länder und Kulturen und konnte göttlich vorlesen. Mit ihm an einem Sommertag auf der Picknickdecke an einem ruhigen Plätzchen zu liegen und seinen Lesungen zu lauschen, das kam für Caro schon einem Hundert-Punkte-Tag gleich. Aber sobald sie sich danach ins Meer stürzen wollte, schaute er sicherheitshalber erst mal nach der Anzahl der Quallen, die er innerhalb einer Minute entdecken konnte. Meist lief es darauf hinaus, dass Torsten mit nackten Füßen am Strand auf und ab tigerte, während Caro schon längst badete.

Aber sie liebte alle ihre Männer, auf freundschaftlicher Basis. Vielleicht war sie einfach nicht beziehungsfähig. Bisher hatte ihr das nichts ausgemacht. Erst, als auch Stine mit dem Hochzeitstermin winkte und sie, wie schon Anne, zur Trauzeugin machte, begann sie zu grübeln. Aber noch konnte sie nichts Verwerfliches an ihrem Lebensstil finden. Offensichtlich war der Richtige, falls es den überhaupt gab, noch nicht in Ahrenshoop vorbeigekommen. Und viel weiter weg hatte sie es bisher nicht geschafft. Natürlich Rostock und Stralsund. Und sie war auch schon einmal in Berlin gewesen, aber sonst liebte sie ihre kleine Wohnung, ihren Job als Grundschullehrerin und natürlich ihre beiden Freundinnen. Herz, was willst du mehr?

Caro schluckte. Natürlich wollte sie mehr. Schnell löschte sie das Licht in ihrem Arbeitszimmer und schlüpfte unter die Bettdecke ihres Boxspringbettes. Wenn diese Gedanken auftauchten, konnte sie die buntbebilderten Fernwehbücher nicht ertragen. Eines Tages würde sie es schaffen und endlich auf Weltreise gehen. Nur jetzt musste sie schlafen. Und zwar schnell, bevor das Gedankenkarussell sie nicht mehr in Ruhe ließ.

Stine

»Schon wieder so eine bescheuerte Einladung«, murmelte Stine leise vor sich hin. Sie drehte die klassisch gestaltete Postkarte hin und her. Seitdem ihr Hochzeitstermin am 22. Juli näher rückte, meldeten sich immer mehr Freunde und Bekannte bei ihr, um noch einen schönen Abend, einen Ausflug oder Kinobesuch mit ihr zu verbringen. Als ob sie bald sterben würde. Und dann auch noch so hochoffizielle Einladungen. Hatten die sich alle abgesprochen? Oder wussten sie, dass Stine sich im letzten Monat sehr rar gemacht hatte? Jede der Nachrichten hatte sie versucht zu ignorieren. Es war ja nicht so, dass sie sich nicht darüber gefreut hätte, aber es ging nun mal nicht. Wenn sie ihr Ziel noch erreichen wollte, musste sie eisern sein. Und ständig erklären zu müssen, warum sie keinen Hunger hatte, war mit der Zeit auch anstrengend. Selbst Anne und Caro hatten sich anstecken lassen und beschatteten sie quasi auf Schritt und Tritt. Nein, sie war nicht schwanger. Nein, sie hatte keine schwere Krankheit. Nein, sie war auch nicht wegen der Hochzeit verzweifelt. Stine seufzte! Warum konnte sie nicht einfach in Ruhe ihr Leben leben? Von genießen konnte im Moment tatsächlich nicht die Rede sein. Aber da musste sie jetzt durch.

Das Glöckchen an der Eingangstür ihres Cafés holte sie in die Wirklichkeit zurück. Frau Schmadtke kam zu ihrem täglichen Nachmittagskaffee. Schnell beeilte sich Stine, ihr die Tür aufzuhalten.

Die ältere Dame konnte ohne ihren Stock nicht mehr gut laufen, unternahm dafür mit ihm noch ziemlich ausgedehnte Spaziergänge. Und kam dabei fast jeden Nachmittag bei Stine vorbei.

»Frau Schmadtke, wie geht's Ihnen heute?«, fragte Stine lächelnd. Frau Schmadtke ließ sich ächzend an ihrem Lieblingstisch in der Ecke am Fenster nieder.

»Ach Kindchen, wie soll's mir schon gehen. In der Ruhe liegt die Kraft. Und Ruhe habe ich genug.« Dabei zwinkerte Frau Schmadtke Stine verschwörerisch an.

»Cappuccino, wie immer?«, fragte Stine, die das Zwinkern nicht mehr wahrgenommen hatte. Eine andere Person hatte ihre Aufmerksamkeit auf sich gezogen. War das nicht eben Anne gewesen, die mit der Kleinen im Wagen vorbeigelaufen war? Das machte sie doch sonst nicht. Hier ging man nicht eben mal vorbei. Hier kam man hin zum Kaffeetrinken oder Bücherlesen. Beschatteten ihre Freundinnen sie jetzt schon bei der Arbeit?

»Meine Kleene? Ist alles in Ordnung?« Frau Schmadtke sah Stine besorgt an. »Ist draußen gerade der Heilige Geist vorbeigeflogen?«

Schnell drehte sich Stine weg und machte sich am Kaffeeautomaten zu schaffen. »Nein, nein, Frau Schmadtke, alles gut. Ich habe nur gerade über was nachdenken müssen.«

»Das müssen Sie in letzter Zeit öfter«, hakte die ältere Dame nach.

Stine zuckte mit den Schultern.

»Und wenn ich ehrlich sein darf, gefallen Sie mir seit einiger Zeit überhaupt nicht mehr. Was ist denn aus der schmucken und fröhlichen Cafébesitzerin geworden, die mir jeden Tag trällernd die Tür geöffnet hat?« Frau Schmadtke schaute Stine jetzt geradewegs an. »Und Sie haben mir schon lange keine neue Kreation Ihrer Backkunst mehr serviert! Haben Sie Sorgen, Kindchen?«

Stine schluckte. Gut, dass sie immer noch mit dem Cappuccino beschäftigt war. Was sollte sie darauf antworten? Ja, sie hatte Sorgen! Wie konnte sie in den nächsten Wochen in dieses dämliche Brautkleid passen? Aber das wollte sie niemandem erzählen. Nie im Leben hatte sie sich vorgestellt, dass abnehmen so schlechte Laune machte. Und nicht nur das, sie hatte auch zu nichts mehr Lust. Warum sollte sie neue Backideen ausprobieren, wenn sie sie selbst nicht kosten durfte? Letzte Woche hatte sie sogar einen einheimischen Autor, der ihr sein neues Buch zur Leseprobe vorbeibringen wollte, am Telefon vergrault. Bloß gut, dass sie das wieder gerade biegen konnte. Und das Buch war eigentlich genau ihr Geschmack. Sie würde es sehr gern hier in ihrem Café ausstellen, aber selbst der Lesegenuss hielt sich zur Zeit in Grenzen. Immer wieder schweiften ihre Gedanken zur Hochzeit und deren Vorbereitung ab. Dieses Riesenevent musste sie irgendwie überstehen, dann konnte das Leben wieder normal weiterlaufen. Na ja, nicht ganz. Schließlich war sie dann eine Barmstede und das alleine bereitete ihr schon Bauchschmerzen.

Stine straffte den Rücken. Sie schob sämtliche Zweifel beiseite und versuchte, ihr schönstes Lächeln für Frau Schmadtke aufzusetzen.

»Ach, das bilden Sie sich nur ein, Frau Schmadtke! Bei mir ist alles in Ordnung!« Sie stellte das heiße Getränk vor die ältere Dame auf den Tisch.

»So, ich habe da ein kleines Schmankerl für Sie. Gerade druckfrisch von einem jungen Autor hereingeschneit. Und dazu passt sicher ein Espressotörtchen. Was meinen Sie?«

Frau Schmadtke schaute leicht irritiert ob der plötzlichen Wandlung in Stines Verhalten, aber gegen neue Lektüre und leckeren Kuchen hatte sie natürlich nichts einzuwenden. Den letzten Roman hatte sie gestern erst zu Ende gelesen. Normalerweise legte Stine ihr dann ein paar Bücher vor, die sie in Ruhe durchschauen konnte und von denen sie eines dann jeden Nachmittag las. Stine hatte extra dafür kleine Lesezeichen anfertigen lassen, auf die sie fein säuberlich den Namen des jeweiligen Gastes schrieb und die dann einfach in den Büchern bleiben konnten, bis das Werk ausgeschmökert war. Oft lasen die Gäste auch nur rein und kauften sich die Bücher dann für zuhause. Aber manche ihrer Stammkunden kamen häufig ins Café, um die Zeilen bei Kaffee und Kuchen zu genießen.

Als Stine sah, dass Frau Schmadtke zufrieden ihrer Nachmittagsbeschäftigung nachging, legte sie im Hinterzimmer eine kurze Pause ein. Gierig trank sie ein Glas stilles Wasser und hoffte, dass das Hungergefühl nachließ. Immerhin hatte sie es mit nur einem Obstsalat und einem Naturjoghurt bis in den Nachmittag geschafft. Aber sie wusste, dass die Abende am schlimmsten waren. Dann kam der Hunger mit geballter Kraft. Zwar herrschte in ihrem Kühlschrank gähnende Leere, aber irgendwas zu essen fand sich immer in ihrem Haushalt. Anschließend ärgerte sie sich dann schwarz. Sie hatte sogar schon ausprobiert, nach so einer Fressattacke alles wieder loszuwerden. Würgend hatte sie minutenlang über die Kloschüssel gebeugt gestanden und war später erschöpft zusammengebrochen. Das funktionierte zwar, aber hinterher fühlte sie sich noch erbärmlicher. Meistens schaffte sie es noch, die Zähne zu putzen und ins Bett zu kriechen. Kein Fernseher, kein Buch, kein Telefonat mehr.

Sie vermisste Anne und Caro schrecklich. Die letzten Mädelstreffen konnte sie unter einem Vorwand absagen, aber lange glaubten sie ihr die Ausreden nicht mehr. Und

Arthur? Der behandelte sie wie ein rohes Ei. Hatte er etwa Angst, dass sie die Hochzeit platzen lassen würde? Aber wie sollte er sich denn auch verhalten? Schließlich war sie es ja, die sich verändert hatte. Heute Abend musste sie sich unbedingt mal wieder mit ihm treffen. Schon lange wollte sie sich den amerikanischen Film anschauen, der gerade in die Kinos gekommen war. Stine wusste, wie sehr Arthur für die amerikanische Filmkunst schwärmte. Sie selbst mochte lieber deutsche oder französische Filme. Egal, im Kino konnte ihr nichts passieren. Sie musste nichts essen, musste sich nicht erklären, warum sie so schlecht aussah und danach konnte sie akute Müdigkeit vortäuschen.

Wieder erklang die Glocke der Caféhaustür. Stine benetzte kurz ihr Gesicht mit kaltem Wasser und klopfte sich auf die Wangen. Sie brauchte Farbe im Gesicht, dann wirkte sie fit und munter. Noch einmal atmete sie tief durch, zauberte ein Lächeln auf ihr Gesicht und begrüßte die Gäste.

Jennifer

Auf den Künstlermarkt, der einmal im Jahr in Ahrenshoop stattfand, freute sich Jennifer jedes Mal aufs Neue. Schon Wochen vorher fuhr sie nach Rostock oder Stralsund zum Shoppen. Oder sie bestellte Unmengen Klamotten zur Auswahl im Internet. Riesige Kartons stapelten sich dann in ihrem Gästezimmer und warteten darauf, mit den meisten der gelieferten Sachen wieder zurückgeschickt zu werden.

Auch in diesem Jahr hatte sie eine stattliche Auswahl erhalten. In Stralsund war sie schon auf ein Paar sündhaft teure Ballerinas gestoßen. Leider konnte man zum Künstlermarkt keine hochhackigen Schuhe tragen, da er sich teilweise auf sandigem Boden befand. Ansonsten trug sie liebend gern Absatzschuhe in allen Variationen. Konnte sie sich auch leisten, da ihr Mann Heiner sie um 20 cm überragte. Mit seinen 1,92m fiel er überall sofort auf. Und nicht nur deswegen. Seitdem er begonnen hatte, fast täglich ins Fitnessstudio zu gehen und sich bei den Highland Games Freunden Darß angemeldet hatte, kam es Jennifer so vor, als sei er doppelt so groß geworden. Einige ihrer Freundinnen rümpften die Nase bei so viel Muskelmasse, aber sie liebte es, in diesen starken Armen zu liegen. Außerdem war Heiner ein feiner Kerl. Er hatte sie damals trotz Schwangerschaft einfach bei sich aufgenommen, als dieser Typ sie sitzen gelassen hatte.

Bei diesem Gedanken zuckte Jennifer innerlich zusammen. Glaubte sie jetzt schon selbst an ihre erfundene Geschichte? Vielleicht war es ja tatsächlich so, dass man sich manche Dinge nur lange genug einreden musste, und schon wurden sie zur Wirklichkeit.

Verächtlich stieß sie die Luft zur Nase heraus. An diese Zeit wollte sie jetzt nicht denken. Heute Nachmittag trafen sie sich schließlich mit Freunden auf dem Künstlermarkt. Noch einmal stolzierte sie an den verschiedenen Outfits vorbei. Die knallblaue Chinohose mit dem weißen ärmellosen und sehr eng anliegenden Top passten hervorragend zu den neuen Schuhen. Allerdings kamen ihre Beine noch besser zur Geltung, wenn sie einen kurzen Rock trug. Aber Rock und Ballerinas? Das wiederum gefiel ihr nicht. Zu Röcken musste sie einfach Absatzschuhe tragen. Genauso zu den weißen Hotpants, die es ihr angetan hatten. Also doch wieder zurück zu den langen Hosen. War vielleicht auch besser so. Abends sollte es sich abkühlen und als zweifache Mutter konnte sie besser in ihrer Freizeit mit kurzen Hosen reizen.

Ein letztes Mal kontrollierte sie, ob auch ja keine Knitter oder Flecke ihr Outfit zerstörten, dann verließ sie schnell den Raum, bevor sie es sich noch anders überlegte. Schließlich war noch viel zu tun. Sie musste die Kinder salonfähig machen und die Sachen raussuchen, die Heiner heute anziehen sollte. Alles musste zusammen passen. Erst dann konnte die kleine Vorzeigefamilie das Haus verlassen.

Rund um die Kurverwaltung Ahrenshoop hatten sich jede Menge Künstler aufgereiht. Aber auch kulinarische Köstlichkeiten dufteten überall. Natürlich gab es Fisch in allen Variationen. Jennifer zog es allerdings jährlich zu ihrem Lieblingsstand, was das Essen anging. Hier roch es noch ein bisschen kräftiger. Es gab Langos mit allem darauf, was das Herz begehrte. Am liebsten blieb sie aber bei der klassischen Variante: Langos mit Knoblauchcreme und Käse. Schon allein dafür lohnte es sich, hierherzukommen.

Auch heute steuerten sie als erstes den ungarischen Stand an. Der Rest von Jennifers Familie meuterte allerdings. Die Kinder wollten lieber Waffeln und Heiner ein Fischbrötchen. Natürlich!

Jennifer fühlte sich großartig. Ihre Outfits passten perfekt zueinander, die Kinder sahen zuckersüß aus und sie hatte wieder das Gefühl, dass sich alle Leute nach ihnen umdrehten. Einmal meinte sie sogar gehört zu haben, dass sich zwei ältere Damen wohlwollend zugeraunt hatten, dass der Heiner doch ein toller Kerl war. Hatte ohne zu murren die Tochter von »unserer« Jennifer angenommen. Was für eine schöne Familie.

Mit diesem zufriedenen Gefühl, doch irgendwie alles in ihrem Leben richtig gemacht zu haben, schlenderten Jennifer, mit ihrer großen Tochter Lilo an der Hand, und Heiner, der den Sportwagen mit Sarah schob, ihren Freunden entgegen.

Es wurde ein fröhlicher Nachmittag. Lilo spielte mit den anderen Kindern und Sarah war friedlich in ihrem Wagen eingeschlafen. Mit einem Glas Rosé in der Hand ließen sie die Atmosphäre auf sich wirken. Kunst gab es hier natürlich in allen Formen: Bilder, Schnitzkunst, Kunst mit Wolle, Kunstwerke aus Metall oder auch Abfall, Schmuck, Töpferkunst und vieles mehr. An fast jedem Stand verweilten sie eine Weile, fachsimpelten und begutachteten die entsprechenden Werke. Ach, wie sie diese handgemachten Dinge liebte. Was vielleicht auch daran lag, dass sie selbst überhaupt kein Talent dafür hatte. Allenfalls Sport konnte sie noch ganz passabel. Deshalb gab sie für einige der hiesigen Hotels Nordic-Working-Kurse. So etwas stand seit einiger Zeit hoch im Kurs. Aktive Erholung war das Stichwort und damit kannte sich Jennifer aus. Schließlich konnte sie sich auch nur aktiv erholen - mit ihren beiden Kindern.

Gerade als sich die Sonne langsam dem Horizont zuneigte und die befreundete Gruppe sich in einer Art Biergarten niedergelassen hatte, streifte ihr Blick für einen kurzen Moment ein Profil eines Mannes, von dem sie gedacht hatte, dass sie ihn nie wieder sehen würde.

Erschrocken schaute sich Jennifer noch einmal um, aber der Mann schien sich in Luft aufgelöst zu haben. Wahrscheinlich hatte sie sich getäuscht. Manchmal ging ihre Fantasie mit ihr durch. Warum hatte sie heute auch so oft an ihn denken müssen? Am Ende beschwor sie ihn mit ihren Gedanken noch herauf. Sie ignorierte das mulmige Bauchgefühl und fiel in die lachende Runde ihrer Freunde mit ein.

Arthur

Der Blick aus seinem Bürofenster ließ sein Herz noch immer höher schlagen. Allerdings weniger wegen der Romantik, als dass ihn das Fernweh plagte. Wenn am Horizont die großen Schiffe vorbeiglitten oder das eine oder andere in den Hafen einfuhr, dann wünschte sich Arthur nichts sehnlicher, als mit auf Reisen zu gehen. Ziel Amerika! Na ja, eigentlich würde er dann natürlich fliegen, da die Fahrt mit dem Schiff viel zu lange dauern würde. Aber sinnbildlich gesehen, signalisierten ihm diese riesigen Dampfer und das weite Meer, dass er seine Träume verwirklichen musste. Aber wie? Zwar ging der erste Traum jetzt in Erfüllung, er würde Stine heiraten. Aber genau deswegen konnte er seinem wahren großen Traum nicht nachgehen. Schließlich würde er Stine nie dazu bringen, dass sie mit ihm in die USA ging. Sie hatte hier ihr kleines Café, ihre Familie und ihre Freundinnen, er konnte sie hier nicht herausreißen. Außerdem liebte Stine die Stille, das Rauschen des Waldes oder der Wellen, Natur eben. Wie konnte er ihr da mit Großstadt kommen? Für sie kam es ja noch nicht mal in Frage, nach Rostock oder Stralsund zu ziehen. Zu viele Menschen auf einen Haufen. Eigentlich musste er bisher immer über sein Landei lächeln. Aber das Lächeln wurde von Jahr zu Jahr wehmütiger. Schließlich wurde er nicht jünger. Und um in einer amerikanischen

Anwaltskanzlei Fuß zu fassen, war es sicher von Vorteil, nicht allzu alt zu sein. Arthur seufzte. Spätestens an dieser Stelle biss sich die Katze in den Schwanz und er musste sich eingestehen, dass er mit der Hochzeit seinen Traum begraben konnte. Aber was soll's, er liebte Stine nun mal. Ihre fröhliche und optimistische Art, ihren verträumten Blick oder ihr ansteckendes Lachen. Alles stand im Kontrast zum kontrollierten Leben seiner Familie. Nie würde er Stine im Stich lassen können.

Im Moment machte er sich sowieso schon genug Sorgen um sie. Seit einigen Wochen wirkte sie verändert. Sie lachte nicht mehr so viel wie früher, wirkte fahrig und sagte viele ihrer Verabredungen ab. Erst dachte er, dass sie vielleicht Bammel vor der Hochzeit hätte, aber sie beteuerte immer wieder, dass alles in Ordnung sei. Am schlimmsten fand er jedoch, dass sie anscheinend kaum noch etwas zu sich nahm. Sie sah blass aus und ihre Wangen waren eingefallen. Er hatte ja gehört, dass Frauen vor der Hochzeit noch mal alles gaben, um perfekt auszusehen. Aber Stines Verwandlung gefiel ihm nicht mehr. Das hatte doch hoffentlich nichts mit diesem bescheuerten Brautkleid seiner Mutter zu tun? Hätte er Stine mehr beistehen sollen? Aber er fand die Idee, dass sie das traditionelle Brautkleid der Familie Barmstede tragen würde, sehr romantisch. Schließlich würde sie auch bald eine Barmstede sein. Bei dem Gedanken fing Arthurs Bauch direkt an zu grummeln. Freude auf der einen Seite, Anspannung auf der anderen.

Wie würde Stine wohl mit seiner Familie auskommen, wenn sie sich fast täglich sahen?

Wie auf Kommando stürmte Arthurs Mutter Gisela zur Bürotür hinein. Wie oft hatte er darum gebeten, dass auch sie klopfen sollte. Schließlich konnte er in einem wichtigen Gespräch sein. Genervt drehte er sich mit seinem Stuhl vom Fenster weg.

»Na? Wieder wichtige Telefonate gehabt?«, nahm ihm seine Mutter gleich den Wind aus den Segeln.

»Mutter, was ist? Ich habe tatsächlich noch einige wichtige Dinge zu erledigen.« Arthur ahnte nichts Gutes, als er die Papierrolle in der Hand seiner Mutter sah.

Und genau diese entrollte sie jetzt und schaute ihren Sohn herausfordernd an.

»Ich habe da schon mal ein paar Pläne gemacht. Das hier ...« Sie strich mit dem Handrücken über die Zeichnung. »... ist euer neues Zuhause.«

Gisela machte eine kurze Kunstpause.

»Du hast mir ja klar zu verstehen gegeben, dass du mit deiner Büchertante nicht bei uns in der Villa leben möchtest. Und ganz ehrlich, ich bin auch ganz froh darüber.«

Jetzt stellte sie sich aufrecht hin und glättete ihren Hosenanzug.

»Aber da ein Barmstede nun mal nicht in einer Mietwohnung wohnt, habe ich mit deinem Vater besprochen, dass ihr das Gartenhaus beziehen könnt. Der Architekt hat sich schon alles angeschaut und wird meine Änderungen vornehmen. Schließlich müssen die Räumlichkeiten verändert werden. Ihr braucht einerseits mehr Platz, andererseits aber auch mindestens ein Kinderzimmer. Und du deinen Bereich, falls du abends noch arbeiten musst. Es wird alles perfekt werden. Der Architekt meinte, dass es mit der Baugenehmigung für den Umbau keine Probleme geben sollte. Also? Was sagst du? Ist das nicht toll?«

Das Gartenhaus also, dachte Arthur. Wobei man unter Gartenhaus landläufig etwas anderes verstand. Dieses hier hatte die Größe eines Einfamilienhauses und stand im hinteren Teil des Anwesens, direkt neben dem kleinen Ententeich. Eigentlich keine schlechte Idee, aber Stine würde es trotzdem nicht gefallen. Erstens musste man immer am Herrschaftshaus vorbei, um dorthin zu gelangen, und zweitens mischte sich seine Mutter schon wieder in seine Angelegenheiten. Wie sollte er diesen Spagat wieder hinbekommen?

Noch immer sah ihn seine Mutter strahlend an und wartete auf eine Reaktion. Sie hatte sich so bemüht, da wollte er sie jetzt auch nicht enttäuschen.

»Tolle Idee, Mutter. Ich werde mit Stine darüber sprechen. Kann ich die Pläne denn mal mitnehmen? Dann können wir uns das Haus in Ruhe anschauen und überlegen, ob wir vielleicht doch das eine oder andere anders ...«

»Oh, das ist alles schon in Auftrag gegeben. Ich bin mir nicht sicher, ob der Architekt da noch viel ändern kann. Wenn es einmal bei der Behörde eingereicht ist.«

Gisela räusperte sich und macht Anstalten, das Büro zu verlassen.

»Also echt, das geht doch nicht«, murrte Arthur. Aber im Grunde wusste er, dass sie gegen seine Mutter sowieso keine Chance hatten. Das war ihre Idee und somit war es auch ihr Projekt. Punkt.

Seufzend rollte Arthur die Pläne wieder zusammen und winkte seiner Mutter zum Abschied zu, die das Büro schon ohne ein Wort verlassen hatte.

Stine

Die Müdigkeit übermannte sie neuerdings immer schon am späten Nachmittag. Eigentlich hieß es ja, wenn man weniger Kohlenhydrate zu sich nahm, hatte man mehr Energie. Aber bei ihr schien das ganze Gegenteil der Fall zu sein. Vielleicht lag es auch daran, dass sie auch sonst nicht mehr viel aß, aber ein paar Wochen lang mit wenig Kilokalorien auszukommen, das hatten doch auch schon vor ihr Abnehmwillige ausprobiert. Und waren nicht dabei eingeschlafen.

Stine gönnte sich eine kurze Auszeit auf der Terrasse ihres Cafés. Der Nachmittagsansturm war vorüber und da sich übers Meer dunkle Wolken heranschoben, rechnete sie nicht mehr damit, heute noch viele Gäste begrüßen zu müssen.

Nachdenklich nippte Stine an ihrem schwarzen Kaffee. Auf ihren Milchkaffee musste sie im Moment verzichten. Zu viel Fett.

Sie tippte noch einmal auf Annes Nachricht. *Treffen heute bei dir! Es gibt Neuigkeiten, die dich gaaaanz sicher interessieren! Essen bringen wir mit! Sekt natürlich auch! Also, sei einfach da!!!*

Bei so vielen Ausrufungszeichen blieb Stine ja nichts anderes übrig. Eigentlich wollte sie sich tatsächlich wieder rar machen. Sie musste schlafen. Wer schläft, isst nicht. Und außerdem musste sie ihren Freundinnen dann nicht Rede und Antwort stehen. Aber heute kam sie da wohl nicht drumherum.

Stine schloss kurz die Augen. So hatte sie sich die Vorfreude auf ihre Hochzeit nicht vorgestellt. Dass sie vielleicht ein paar Kilo vor Aufregung abnehmen würde, war ihr schon klar gewesen. Schließlich ging bei ihr alles durch den Magen. Positiv wie negativ. Aber an Hungern hatte sie dabei nie gedacht. Arthur machte sich in letzter Zeit auch rar. Sie hatte in seinen Augen gesehen, dass er sich um sie Sorgen machte. Aber nie etwas dazu gesagt. Was sollte er auch sagen, sie blockierte ja sofort, wenn er sie auf die Hochzeit und das Drumherum ansprach.

Stine seufzte. Eine Träne bahnte sich ihren Weg über ihre Wange. Schnell wischte sie mit der Hand darüber. Sie war verwirrt und hatte Angst. Vielleicht machte sie einen großen Fehler? Aber sie war doch schon so lange mit Arthur zusammen. Und sie hatten immer Spaß miteinander. Auch die Gegensätze hatte sie nie gestört. Arthur schien es genauso zu gehen. Sie würde nie wieder Geldsorgen haben, konnte ihr Café weiterführen und irgendwann würden sie eine richtige Familie mit Kindern und Haustieren sein. Also was war ihr Problem? Lag es wirklich nur an ihrer zukünftigen Schwiegermutter? Die hatte sie doch bis jetzt auch ganz gut ignorieren können, warum sollte das nicht weiterhin so gehen? Und wenn

Arthur und sie erst in einer schnuckeligen gemeinsamen Wohnung wohnten, hatte Gisela auch nicht mehr so viel Einfluss auf ihr Leben. Jedenfalls hoffte Stine das sehr!

»Süße, magst du ein Stück Pizza?«, fragte Anne und sah Stine dabei vorsichtig an.

Bevor Stine überhaupt darüber nachdenken konnte, hatte Caro schon die Initiative ergriffen und ein großes Stück auf Stines Teller gelegt. »Na klar mag sie. Schau sie dir doch mal an!«

Caro knallte den Teller wütend vor Stine auf den Tisch. »Ganz ehrlich, wenn das mit dir so weiter geht, ziehe ich hier ein und überwache deine Mahlzeiten! Und das ist kein Scherz!«

Sie nahm einen großen Schluck Secco und schaute Stine eindringlich an. »Und jetzt raus mit der Sprache! Ich kündige dir die Freundschaft, wenn du nicht auf der Stelle erzählst, was wirklich mit dir los ist!«

Auch Anne nickte Stine aufmunternd zu. Die besorgten Gesichter ihrer Freundin zu sehen, machte Stine nur noch unsicherer. Mit einem Mal fiel ihr ganzes mühsam behütetes Kartenhaus in sich zusammen. Ein Schluchzer tief aus ihrem Innersten bahnte sich seinen Weg. Sie fing an zu zappeln, so wie sie es immer tat, wenn die Aufregung sie überrollte. Anne stürzte sich sofort auf sie und nahm sie fest in die Arme.

»Ist ja gut! Lass es endlich raus! Weine ... Schreie ... Egal!«

Auch Caro war um den Tisch geeilt und hatte sich von hinten über den Sessel an Stine gelehnt. Aus einem qualvollen Schluchzen wurde allmählich ein richtiger Heulkrampf. Stine wollte sich lösen, wollte weg, allein sein. Aber die beiden Freundinnen hielten sie fest und streichelten ihr über Arme und Rücken.

Als der Anfall allmählich nachließ, reichte Caro Stine ein Taschentuch. Noch immer saßen die Freundinnen rechts und links auf den Sessellehnen, sodass sich Stine behütet, aber auch irgendwie eingeengt vorkam. Sie wartete noch ein paar nachkommende Schluchzer ab, dann schaute sie endlich auf.

»Okay, ich erzähle es euch, aber nur, wenn ihr euch wieder hinsetzt und mich nicht unterbrecht. Ich weiß selbst, dass das total bescheuert ist.«

Anne und Caro taten, wie ihnen geheißen wurde. Eine ganze Weile starrte Stine vor sich hin. Was hatte sie sich nur dabei gedacht, ihren Freundinnen nichts von dem Dilemma zu erzählen. Jetzt schämte sie sich dafür. Aber nun musste sie die Wahrheit beichten. Sie nippte kurz an ihrem Glas und nahm sogar einen kleinen Bissen von der Pizza. Hm, so lecker hatte Pizza noch nie geschmeckt.

Endlich konnte sie mit ihrer Geschichte um das Hochzeitskleid der Barmstedes beginnen.

Nachdem Stine geendet hatte, rührten sich weder Caro noch Anne. Als Stine schon ganz mulmig wurde, weil keine der Freundinnen etwas sagte, begann Caro dann doch.

»Sag mal, die spinnt, oder? Wie kann sie dir denn so was antun? Und dein Zukünftiger? Hat der sie noch alle? Lässt dich mit dem ganzen Quatsch einfach allein, statt seine Mutter in die Schranken zu weisen.«

Anne nickte, immer noch sprachlos.

»Stine, ich weiß gar nicht, was ich dazu sagen soll. Das fühlt sich alles nicht wirklich gut an«, sagte sie jetzt sanft. »Bist du dir sicher, dass du Arthur noch heiraten möchtest?«

Stine hatte schon wieder Tränen in den Augen. Verzweifelt hob sie die Schultern. »Ich glaube schon, ja«, antwortete sie leise.

»Dann müssen wir etwas unternehmen! So kann es nicht weiter gehen!« Caro war aufgesprungen und tigerte im Zimmer auf und ab. »Also, du holst dieses bescheuerte Kleid und erzählst dieser Barmstede, dass du dir Schuhe und Schmuck kaufen möchtest und du es deshalb brauchst.«

Auch Anne hatte wieder etwas mehr Farbe bekommen.

»Genau! Und bevor du dahin gehst, machen wir dich richtig schick. Schminke, ordentliche Klamotten, tolle Frisur. Den Triumph gönnst du dieser Schnepfe nicht.«

Caro hob den Daumen. »Und dann sehen wir mal weiter. Du weißt, dass meine Mutter nähen kann. Die zaubert dich schon irgendwie in das Kleid.« Sie hatte sich wieder gesetzt und ein großes Stück Pizza genommen. »Und jetzt haust du mal ordentlich rein, damit wir unseren Schlachtplan anständig besprechen können.«

Stine schien noch nicht so ganz überzeugt zu sein. Vorsichtig griff sie wieder zu ihrem mittlerweile lauwarmen Pizzastück und knabberte daran herum. Vielleicht hatten ihre Mädels ja recht. Und diese ganze Abnehmerei war doch wirklich ätzend. Andererseits konnte sie es manchmal kaum glauben, in welche Hosen sie wieder reinpasste. Sie musste ja deshalb nicht gleich wieder losfuttern wie eine Verhungerte. Nur über den Tag verteilt leckere Kleinigkeiten, so wie sie es immer gehandhabt hatte. Aber eben noch mehr in Maßen. Vielleicht konnte es trotzdem klappen, dass sie in das Brautkleid passte.

Plötzlich schob sich ein Gedanke im Kopf ganz nach vorn.

»Sag mal Anne, du hattest doch gaaaanz wichtige Neuigkeiten? Welche sind das denn?«, fragte Stine.

Auch Caro sah gespannt in Annes Richtung, sie wusste also auch nichts.

Anne stieg eine leichte Röte ins Gesicht. Sie versteckte sich hinter ihrem Seccoglas und schüttelte leicht mit dem Kopf.

»Nee, ist nicht sooo wichtig. Irgendwie passt es gerade nicht hierher. Erzähle ich euch ein anderes Mal.«

Caro und Stine schauten Anne irritiert an.

»Äh? Warum?«, fragte jetzt Caro.

Anne wand sich. »Lasst mal, es ist wirklich besser, wenn wir ein anderes Mal darüber sprechen!«

Stine war es ganz recht. Sie musste erst mal ihr Leben neu sortieren und die nächsten Wochen ins Auge fassen. Dabei bekam sie auch nicht mit, dass Caro Anne am Fuß anstupste. Anne vertröstete Caro mit einer Geste auf später.

»Also, auf uns Mädels! Und ... Danke! Ihr seid die Besten!«, hob Stine ihr Glas an und läutete damit einen entspannten Restabend ein.

Anne

»Was? Und das sagst du mir erst jetzt?« Caro war mit einem Mal stehen geblieben.

»Ich wollte es euch als Überraschung präsentieren, aber nachdem Stine mit der Hochzeitskleidgeschichte rausgerückt war, fand ich es nicht mehr wirklich passend«, antwortete Anne nachdenklich. »Vielleicht hätte ich es erzählen sollen, ich weiß es nicht.«

»Na ja, sie wird Ben auf jeden Fall bald mal irgendwo sehen«, warf Caro ein. »Oder noch schlimmer: Er spaziert einfach in ihr Café rein. Die Arme wird aus allen Wolken fallen.«

Anne knetete ihre Finger. »Oh weh ... aber sie war in so schlechter Verfassung heute! Ich weiß nicht, ob sie die Nachricht verkraftet hätte, dass ihr Ex wieder da ist. Sie hat doch jetzt ganz andere Sorgen. Und würde das nicht sogar die Hochzeit gefährden? Du erinnerst dich, wie sie jedes Mal auf Ben reagiert? Ich sehe sie jetzt schon zappeln.«

»Ja, wahrscheinlich hast du recht. Ich fände es trotzdem gut, wenn sie es von uns erfahren würde, dass er in Ahrenshoop ist. Apropos, weißt du denn, warum er hier ist und wie lange er bleiben wird?«

Langsam gingen die beiden Freundinnen weiter.

»Nein, ich habe ihn ja nur kurz auf dem Künstlerfest gesehen. Gut, dass Stine an dem Abend nicht dort war«, sagte Anne erleichtert.

»Kurz? Und du bist dir ganz sicher, dass er es war?«, hakte Caro nach.

Anne nickte.

»Hm, seinem Vater geht es nicht besonders gut. Aber das ist in den letzten Jahren schon öfter vorgekommen. Und trotzdem hat es Ben nie geschafft, aus Alaska anzureisen. Überhaupt Alaska, was will er denn da?«, fragte Caro unwillig.

»Ach Caro, das Thema hatten wir schon vor acht Jahren, als Ben plötzlich verschwunden war. Hinter das Geheimnis sind wir nie gekommen. Es heißt aber, dass er dort eine Familie gegründet hat. Was dann wohl wiederum bedeutet, dass er nicht allzu lange bleiben wird.« Anne seufzte.

»Und wenn wir es versuchen herauszubekommen und Stine lieber von ihm fernhalten?«, fragte Caro aufgeregt.

»Die reißt uns den Kopf ab, wenn sie es erfährt. Du weißt, dass sie sich nicht in ihr Leben reden lässt. Soll sie doch selbst entscheiden, ob sie ihn sehen will.« Anne umarmte ihre Freundin zum Abschied. »Und überhaupt, wir leben in Ahrenshoop. Glaubst du wirklich, dass es Stine nicht irgendjemand brühwarm erzählen wird?«

»Und genau das werden wir verhindern!« Caro erwiderte die Umarmung. »Morgen um 15 Uhr im Café? Ich habe um halb zwei Schluss, das schaffe ich auf jeden Fall.« Schnell ging Caro noch einmal in Gedanken ihren Stundenplan für den nächsten Tag durch. Seitdem sie den Lehrerjob in der Grundschule in Ribnitz-Damgarten bekommen hatte, blieb ihr für den Nachmittag wesentlich mehr Zeit. Früher musste sie bis Stralsund fahren und brauchte manchmal bis zu 1,5 Stunden für eine Strecke. Dagegen war die halbe Stunde Fahrtzeit zu ihrer jetzigen Arbeitstelle ein Klacks.

Anne lächelte zustimmend, obwohl sie ein mulmiges Gefühl hatte.

Als sie zuhause ankam, ging es bereits auf Mitternacht zu. Trotzdem war Anne viel zu aufgewühlt, um jetzt schlafen zu gehen. Sie wusste, dass sich das rächen würde, wenn morgen früh zwischen 6 und 7 Uhr Linnea in ihr Bett getobt kam. Aber was sollte sie machen! Bevor sie liegend im Dunkeln an die Decke starrte und Schäfchen zählte, konnte sie genauso gut kreativ sein. Nur ein Stündchen, gestattete sie sich selbst.

Anne holte sich ein Glas Wasser aus der Küche und stieg leise die Treppe zum Dachboden hinauf. Das grelle Licht, das aufflackerte, nachdem sie den Schalter betätigt hatte, ließ sie ihr Vorhaben fast wieder abblasen. In letzter Zeit war sie immer tagsüber hier oben. Wenn Linnea schlief und

Raul noch arbeiten war. Dann tauchte die Sonne das kleine Zimmer in ein verträumtes Licht. Genau diese Stimmung brauchte Anne, um weiche Körperformen aufs Papier zu zaubern. Seit ihrem ersten Versuch war sie schon viel routinierter geworden. Ihre Hände glitten über die weiße Fläche und manchmal nahm sie ihre Umwelt kaum noch wahr, so sehr vertiefte sie sich in die Malerei.

Häufig schreckte sie der Wecker aus ihrer Konzentration. Sie wusste, dass Linnea selten länger als zwei Stunden nach dem Mittagessen schlief. Also stellte sie den Wecker entsprechend und hoffte, dass die kleine Maus nicht schon eher aufwachte. Bisher hatte sie Glück gehabt, aber manchmal bedauerte sie, dass ihre Schaffenszeit so begrenzt war. Andererseits war sie selbst ja noch blutige Anfängerin. Irgendwann würde sie wieder mehr Zeit für sich haben. Die kostbaren Momente wollte sie mit ihrer Tochter genießen.

Nun saß sie das erste Mal nachts vor ihrer Staffelei. Es fühlte sich völlig anders an. Das sonst so sonnenbeschienene Fenster war jetzt ein schwarzes Loch und das Neonlicht lud nicht gerade zu verträumter Malerei ein. Vielleicht würden eine Gardine und ein paar kleinere Lichter in den Ecken dem Raum nachts ein anderes Flair geben.

Trotzdem spürte Anne das ihr bekannte Kribbeln aufkommen, als sie den Kohlestift zur Hand nahm. Es fühlte sich ungewohnt an, aber nicht unbedingt weniger kreativ. Ein Lächeln huschte über ihre Lippen. Mal schauen, was heute aus ihr raus musste.

Jennifer

Ungeduldig wartete Jennifer am Eingang des Hotels, dass sich ihre Nordic-Walking-Gruppe vollständig einfand. Es kostete sie heute unendliche Mühe, sich auf die Teilnehmer einzulassen. Immer wieder wanderten ihre Gedanken zum gestrigen Abend. Sie hatte sich auf dem Künstlerfest also doch nicht getäuscht. Ben war wieder da. Und er würde länger bleiben. Jedenfalls hatte sie das im Andenkenlädchen an der Ecke erfahren. Sarah liebte es, wenn Jennifer sie durch den Laden schob. Die Kleine wusste, dass sie nichts anfassen durfte, aber diese vielen bunten Kleinigkeiten, die in den Regalen herumlagen oder -standen, ließen sie ganz verzückt aussehen. Die Äuglein strahlten und immer wieder hob sie ihre kleine Hand, um ihre Mama mit einem »Da!« auf irgendetwas aufmerksam zu machen. Jennifer amüsierte sich jedes Mal köstlich darüber. So hatten sie im Laufe der Zeit ein allnachmittägliches Ritual gefunden. Im Anschluss holten sie Lilo vom Bus ab, der sie aus der Grundschule nach Hause brachte.

»Na Fräulein Schenniffer, is heute janz schön stürmisch, wa?« Ein älterer Herr mit hochmoderner Funktionskleidung und nagelneuen Walkingstöcken holte sie aus ihren Gedanken.

Sturm? Was für ein Sturm? dachte sie. »Na, da haben Sie aber noch keinen richtigen Sturm hier erlebt«, antwortete sie immer noch leicht abwesend. Jetzt lächelte sie ihn direkt an. »Aber mit ihrer Ausrüstung trotzen Sie wahrscheinlich jedem Wetter.«

Ihr Teilnehmer fühlte sich geschmeichelt, und als sich nun auch noch die letzte Dame im rosa Joggingoutfit zu ihnen gesellte, gab sie das Kommando zum Aufbruch.

Die Route durch den Ort führte hauptsächlich über befestigte Wege. Trotz allem klagten schon einige ihrer Teilnehmerinnen über Sand im Schuh und das zügige Tempo.

Jennifer macht kurz Halt, um auf die Nachzügler zu warten. Vielleicht sollte sie ihr Konzept überdenken. Auch wenn die Gruppen dann kleiner waren, wäre es sicher besser, Anfänger- und Fortgeschrittenenkurse anzubieten. Sie nahm sich vor, im Anschluss bei der Kurverwaltung vorbeizuschauen und ihrem Arbeitgeber den Vorschlag zu unterbreiten.

Trotz der steifen Brise am Meer wollte Jennifer heute die Strandroute nehmen. Da mussten ihre Kursteilnehmer durch. Sie hoffte, dass der Wind ihre Gedanken beiseiteschob. Seit gestern schwelte eine gewisse Angst in ihrem Innersten. Sie hütete ihr Geheimnis nun schon so viele Jahre. Und das wollte sie auch weiterhin tun. Es durfte einfach nicht sein, dass dieser Typ hier wieder auftauchte und ihr Leben zerstörte.

Wenn sie Glück hatte, würde das im Ort kein Thema mehr sein. Aber eigentlich wusste sie ganz genau, dass es eben nicht so war. Ihr kamen die beiden Damen in den Sinn, die sich am Künstlerfest über sie unterhalten hatten. Und wenn die sich noch an ihre Geschichte erinnerten, taten es sicher auch viele andere. Und wahrscheinlich würden sie dann auch Ben darauf ansprechen. Womöglich ihn mit Vorwürfen überhäufen. Und dann würde alles auffliegen ...

»Fräulein Schenniffer ...«, japste der ältere Herr neben ihr. »Sie legen heute aber ein Tempo vor!«

Schnaufend stützte er die Hände auf die Knie und deutete mit dem Kopf nach hinten. »Die kommen nicht so schnell nach ...«

Jennifer wagte nun auch einen Blick zurück. Die Gruppe zog sich wie eine Perlenkette am Strand entlang. Ganz hinten konnte sie noch einen rosa Fleck erkennen. Okay, das war eindeutig zu schnell. Jetzt musste sie sich etwas einfallen lassen, um ihre Teilnehmer nicht zu sehr zu verärgern.

Als auch die letzte Dame japsend bei ihnen eintraf, hob Jennifer entschuldigend die Hand.

»Ich hätte wohl heute Morgen den Energieriegel weglassen sollen«, scherzte sie und schaute in die mürrische Menge.

»Es tut mir leid! Kann ich sie zur Wiedergutmachung auf ein Eis auf die Hand einladen?«

Sofort hellten sich einige Gesichter auf.

»Aber dafür kürzen wir direkt hier über den Strandweg ab«, forderte die Dame in Rosa, die immer noch heftig nach Luft rang.

Jennifer wartete auf die Reaktionen der anderen Teilnehmer, aber es schienen alle damit einverstanden zu sein.

»Okay, dann machen wir bis zum Ort noch ein paar Schritt- und Dehnungsübungen. Bis zum Eispavillon ist es nur ein knapper Kilometer. Auf geht's, meine Herrschaften!«

Stine

Stine spürte genau, dass ihre Freundinnen irgendetwas auf dem Herzen hatten. Besonders Anne sah sie die ganze Zeit mit großen Augen an. Ein ungutes Gefühl machte sich allmählich in ihrem Magen breit. Warum waren die beiden hier? So, als hätten sie sich verabredet. Wollten sie kontrollieren, ob es ihr gut ging und sie auch wieder aß? Aber warum dann dieser aufgeschreckte Blick?

»Wie immer, Mädels?«, fragte sie nun und schob die mulmigen Gedanken beiseite.

Anne und Caro nickten. Sie waren froh, dass noch keine anderen Gäste im Café saßen. Stine hatte bereits ihren Lieblingstisch am Fenster mit Plätzchen und kleinen Törtchen eingedeckt. Gerade bereitete sie die verschiedenen Kaffeespezialitäten vor. Einen Caffè Latte für Caro, einen Cappuccino für Anne und einen Espresso für sie selbst.

Mit einem kleinen runden Tablett trat sie nun an den Tisch und stellte die Tassen darauf ab. Sie setzte sich und schaute ihre Freundinnen direkt an.

»Also, was geht hier vor? Das fühlt sich nicht nach einem lustigen Nachmittagsbesuch an.« Sie legte sich ein

Erdbeertörtchen auf ihren Teller und bedeutete ihren Freundinnen, sich ebenfalls etwas auszusuchen.

Anne seufzte. »Später vielleicht! Süße, wir müssen dir erst was erzählen.« Sie stockte und schaute hilfesuchend Caro an.

»Ben ist wieder da!«, platzte diese nun einfach so heraus. Anne zog die Luft scharf ein und saß auf dem Sprung, um Stine zu Hilfe zu eilen, falls die umkippen würde oder so etwas.

Stine saß einen Moment still da. Sie versuchte, das große Stück Törtchen runterzuschlucken. Gerade eben hatte sie sich noch darauf gefreut, hatte sie es doch schon lange nicht mehr genossen. Aber nun klebte es ihr am Gaumen und wollte einfach nicht rutschen. Sie stand auf und holte sich ein Glas, um Wasser einzuschenken. Ihre Hand zitterte, aber irgendwie schaffte sie es und nahm einen großen Schluck. Mehrmals setzte sie das Glas an, bis der letzte Kuchenkrümel endlich den Weg Richtung Magen gefunden hatte.

Anne und Caro waren neben sie getreten. Stine stützte sich mit den Händen auf die Arbeitsplatte der Caféküche. Dann plötzlich überkam sie wieder dieses Zappeln. Wie sie diese Reaktion ihres Körpers, den sie dann kaum noch unter Kontrolle hatte, hasste! Anne strich ihr heftig über den Rücken, so als wollte sie Stine wecken. Caro stand hilflos daneben. Sie wusste, dass der Anfall so oder so bald vorbei wäre. Zur Sicherheit ging sie aber trotzdem zur Tür, schloss einmal ab und drehte das Schild mit der Aufschrift »Geschlossen« nach außen.

»Stine bitte, das ist doch alles halb so wild! Vielleicht ist er ja bald wieder weg. Und überhaupt, du heiratest doch Arthur. Und du liebst ihn. Ben hat dich damals verlassen. Los, jag ihn endlich zum Teufel!« Die letzten Worte hatte Anne geschrien. Noch immer rubbelte sie über Stines Rücken.

Endlich ging ein kleiner Ruck durch Stines Körper. Sie hob den Kopf zur Decke und atmete tief ein. Mit dem Ausatmen schaute sie Anne an. »Hast du ihn gesehen?«

Anne hielt inne und schaute auf ihre Hand, die sich anfühlte, als hätte sie sie verbrannt.

»Ja, ganz kurz auf dem Künstlerfest. Aber ich habe nicht mit ihm gesprochen«, sagte sie leise.

»Wie sah er aus?«, fragte Stine zögerlich.

Caro verdrehte die Augen. »Ist das wichtig? Also ehrlich, Stine, du solltest dir den Typ aus dem Kopf schlagen.«

Die Freundinnen setzten sich wieder an den Bistrotisch. Der Kaffee war mittlerweile nur noch lauwarm, aber das machte ihnen nichts aus.

Anne knabberte an einem Keks und Caro schlürfte in kleinen Schlückchen an ihrem Kaffee. Stine sah aus dem Fenster. Der Wind von heute Morgen hatte sich zu einem

Sturm aufgebauscht. Die dunklen Wolken verhießen nichts Gutes. Sicher würde es heute noch Regen geben. Genau wie damals, als Ben plötzlich nicht mehr da war. Und als sie ihm nicht mehr sagen konnte, dass sie ihm verzeihen würde.

Sie nippte an ihrem Espresso, stellte ihn aber sofort wieder ab. Kalter Espresso war ihr eindeutig zu bitter. Ihre Gedanken schweiften immer wieder in die Vergangenheit. Sie sah Bens trauriges Gesicht vor sich, als er ihr offenbart hatte, dass er mit Jennifer fremdgegangen war. Verzweifelt hatte er versucht, sie in die Arme zu schließen, ihr versichert, dass es nur ein blöder Ausrutscher gewesen war, dass er betrunken gewesen war und das alles nichts mit ihnen beiden zu tun hatte. Er war sogar vor ihr auf die Knie gefallen, hatte ihr die große Liebe geschworen und sie gefragt, ob sie seine Frau werden wollte. Aber damals wollte sie nicht, konnte sie nicht. Nicht direkt nach diesem Geständnis. Sie hatte immer angenommen, dass die Verbindung zwischen ihnen beiden etwas ganz Besonderes gewesen sei. Sie waren damals erst Anfang 20 gewesen und doch schon seit der Schulzeit ein Liebespaar. Nie wäre sie auf die Idee gekommen, dass sie etwas hätte trennen können. Und auch Ben hatte ihr genau das oft genug gesagt. Sie waren unzertrennlich gewesen und doch hatte jeder seine Freiheiten. Alles hatte sich so perfekt, so liebevoll, so vollkommen angefühlt. Ihre Spaziergänge am Meer entlang, die lustigen Partys mit der Clique, die heißen

Küsse ... Stine schluckte. Sie durfte jetzt nicht weiter daran denken. Schließlich war alles anders gekommen.

Die ersten Regentropfen prasselten an die Scheibe.

Und dann war er einfach weggewesen. Stine hatte sich eine Auszeit erbeten, wollte in Ruhe darüber nachdenken. Aber eigentlich hatte sie zu dem Zeitpunkt schon gewusst, dass sie ihm längst verziehen hatte. Sie wollte nicht ohne ihn leben. Sie hatte bei seinen Eltern geklingelt und als der Vater die Tür geöffnet hatte, war ihr klar, dass etwas Schlimmes passiert sein musste. Die vorwurfsvollen Augen des Vaters hatte sie bis heute nicht vergessen können. Und der eine Satz, den er herausgespuckt hatte, bevor die Tür wieder ins Schloss gefallen war. »Er ist weg, für immer!«

Im ersten Moment war sie erleichtert gewesen. Sie hatte schon mit dem Schlimmsten gerechnet. Aber im Nachhinein kam es dem ziemlich nahe. Denn schließlich hatte sie Ben seitdem nie wieder gesehen.

In den Wochen danach war sie fast täglich zu Bens Eltern gefahren, um von ihnen zu hören, ob sie eine Nachricht von ihm hatten. Erst waren sie nicht begeistert gewesen, schließlich glaubten sie, dass Stine an Bens Weggang schuld sei. Aber irgendwann hatten sie in ihr die Hoffnung gesehen, dass Ben zurückkommen würde. Für sie!

Erst nach drei Wochen hatte er sich gemeldet. Er sei jetzt in Alaska und würde ein neues Leben beginnen. Es ging ihm gut, sie bräuchten sich keine Sorgen zu machen, aber er wollte im Moment auch keinen Kontakt zu seinen Eltern. Kein Wort von Stine. Keine Adresse, keine Telefonnummer. Die Mailadresse hatte er gewechselt und seinen Eltern das Versprechen abgenommen, sie Stine nicht zu geben. Schließlich musste er darüber hinwegkommen. Stine hatte sie angefleht, dass sie die Telefonnummer bräuchte, um ihn zurückzuholen, aber sein Vater hatte sich durchgesetzt. Er stand zu seinem Wort. Bis heute!

Und dann kam alles noch schlimmer. Plötzlich verbreitete sich die Nachricht wie ein Lauffeuer, dass Jennifer schwanger sei. Dass nur Ben der Vater sein konnte und er sich deshalb aus dem Staub gemacht hatte. Bens Eltern taten, als ginge sie das alles nichts an. Sie hatten Ben nie etwas davon gesagt, glaubten es einfach nicht.

Aber Stine ging es etwas an. Bis zu diesem Zeitpunkt hatte sie noch Pläne geschmiedet, wie sie herausbekommen konnte, wo Ben in Alaska wohnte. Sie wollte zu ihm, ihm sagen, dass sie ihm schon längst verziehen hatte, dass sie ihn liebte und mit ihm leben wollte. Aber mit einem Schlag war alles aus. Jennifer trug Bens Kind unter dem Herzen. Das sollte ihr Kind sein. Wie konnte er ihr so etwas antun? Auch wenn sie tief im Innersten wusste, dass er Jennifer niemals absichtlich geschwängert hätte, warum stand er jetzt nicht wenigstens zu diesem Kind? War er wirklich so ein Schuft?

Mit einem Mal war damals alle Kraft aus Stines Körper gewichen. Monatelang konnte sie kaum einen Fuß vor die Tür setzen. Anne und Caro waren jeden Tag nach Uni und Arbeit bei ihr. Damals lebten Stines Eltern noch in Ahrenshoop. Zu viert brachten sie Stine dazu, sich in Therapie zu begeben. Erst danach ging es allmählich bergauf. Dann kam die Idee mit dem Café und Stine hatte eine neue Aufgabe, eine neue Leidenschaft gefunden. Und jetzt, wo alles so gut lief, wo sie Arthur heiraten wollte, der ihr damals gezeigt hatte, dass sie doch noch lieben konnte, war Ben plötzlich wieder da. Was sollte sie jetzt nur tun? Wie konnte sie ihm gegenübertreten? Wollte sie das überhaupt?

Annes Seufzen riss Stine aus ihren Gedanken.

»Wir müssen dir noch was sagen, falls du es nicht schon wusstest.« Schnell sprach sie weiter, bevor Caro es wieder auf die unsensible Art tat. »Also, es sind ja nun ein paar Jahre ins Land gegangen ... und wir haben uns alle weiter entwickelt ... und jeder hat sein eigenes Leben gefunden.« Anne stockte.

»Anne, was willst du mir sagen?«, hakte Stine mit hochgezogenen Augenbrauen nach.

»Ben hat eine Familie in Alaska gegründet«, platzte nun Caro doch heraus, die so ein Rumgeeiere hasste. »Jedenfalls haben wir das gehört. Ob es stimmt ...« Sie hob beide

Hände in die Höhe, zum Zeichen, dass sie es nicht genau wusste.

»Aber vielleicht hilft dir das sogar ein bisschen, falls ihr euch doch mal begegnen solltet«, sagte Anne vorsichtig.

Stine schluckte. Eigentlich sollte ihr das egal sein. Ben sollte ihr egal sein. Sie heiratete schließlich bald. Aber das war es ganz und gar nicht. Es fühlte sich wieder wie damals an, als er verschwunden war. Immer wieder kam es aufs Gleiche raus: Er war für sie unerreichbar.

Unendlich müde stand sie auf und öffnete ihr Café wieder für die Gäste.

Arthur

Manchmal hatte Arthur das Gefühl, dass ihm sein Vater extra viel Arbeit auf den Tisch knallte. Seitdem er seiner Familie gebeichtet hatte, dass er Stine heiraten würde, benahmen sich alle, als hätte er eine ansteckende Krankheit. Oder anders gesagt: Zuckerbrot und Peitsche. Mal ignorierten sie ihn oder taten, als hätte er ein Verbrechen begangen. Und dann wiederum schmierten sie ihm Honig ums Maul. Und das alles nur, damit er die Hochzeit absagte.

Verzweifelt legte er den Kopf auf der Rückenlehne seines komfortablen Schreibtischstuhls ab. Nur einen Moment verschnaufen und an Stine denken. Wie lange hatte er sie nun schon nicht gesehen. Wenn er spätabends aus dem Büro kam, schlief Stine meist schon. Sie telefonierten zwar täglich miteinander, aber er würde sie gern mal wieder in den Arm nehmen. War doch total bescheuert, dass er sie kaum zu Gesicht bekam, obwohl sie im gleichen Ort wohnten. Aber bald konnten sie jeden Abend gemeinsam essen. Oder am Strand spazieren gehen.

»Na Sohn? Schon müde? Das musst du leider verschieben! Schau dir mal die Verträge hier an. Wenn die wasserdicht sind, haben wir wieder einen großen Coup gelandet.«

Sein Vater knallte ihm einen Stapel Papiere auf den Tisch.

Arthur hob langsam den Kopf. Flüchtig schaute er auf das Deckblatt der Unterlagen und stutzte. »Der Termin mit denen ist doch erst in zwei Wochen! Warum soll ich mir das heute Abend anschauen?«

Friedrich lächelte. »Weil ich die Verträge morgen mit dir durchgehen möchte. Übermorgen trittst du nämlich eine Dienstreise nach Hamburg an. Deine Anwesenheit ist dort vonnöten.«

Abrupt setzte sich Arthur auf. »Das geht nicht, Vater! Du weißt ganz genau, dass ich in reichlich zwei Wochen heiraten werde. Da kann ich jetzt nicht auf so eine bescheuerte Dienstreise gehen.«

Er war aufgesprungen und ans Fenster getreten. Sein Vater war der große Boss. Und wenn der was bestimmte, hatten alle anderen zu springen. Das wusste Arthur natürlich. Und das wusste auch sein Vater.

»Ich habe dir ein Zimmer in unserem Stammhotel gebucht. Du weißt schon, da, wo es die besten Krabben gibt. Die Auszeit wird dir sicher guttun! Vielleicht kommst du ja noch zur Vernunft!«

Mit dieser zweideutigen Bemerkung ließ Friedrich seinen Sohn stehen und drückte geräuschvoll die Tür hinter sich zu.

Arthur hatte die Fäuste geballt. Wie er das hasste! Diese Bevormundung. Alle Mitarbeiter in der Firma waren

Menschen mit eigenen Köpfen und vor allem Gefühlen. Trotzdem wurden sie von ihrem Vater immer wie dumme Kinder behandelt. Da machten die Söhne keine Ausnahme. Das Schlimmste war, dass er sich nicht wehren konnte. Sein Vater hatte immer besondere Ideen, wenn es darum ging, dass jemand nicht seinen Anweisungen Folge leistete. Das hatte schon einigen Mitarbeitern das berufliche Genick gebrochen.

Er legte die Stirn an die kühle Fensterscheibe und sah hinaus aufs Meer. Es musste sich dringend etwas in seinem Leben ändern. Aber das tat es doch! Er würde heiraten und mit Stine zusammenziehen. Aber das war nicht das, was in seinem Kopf herumspukte. Seine berufliche Zukunft konnte einfach nicht in der Firma seines Vaters liegen. Nur, wenn er hier kündigte, wie würde die dann aussehen und wo sollte er so schnell eine Bleibe für sich und Stine finden? Denn sicherlich würde seine Mutter zu verhindern wissen, dass sie in das umgebaute Gartenhaus zögen. Was wiederum auch eine verlockende Vorstellung war. Arthur seufzte. Dieser Teufelskreis brachte ihn noch in den Wahnsinn.

Kurz überflog Arthur die Verträge seines Vaters und entschied dann, dass dafür morgen noch genug Zeit bleiben würde. Jetzt wollte er zu Stine. Sie überraschen.

Keine Stunde später spazierte er mit ihr an der Hand barfuß durch den Sand. Die Wellen am Weststrand waren heute erstaunlich ruhig. Die Sonne neigte sich dem Horizont entgegen.

»Das sollten wir wirklich öfter machen«, durchbrach Stine die Stille.

Arthur nickte und drückte liebevoll ihre Hand. »Ich hoffe sehr, dass wir wieder mehr Zeit füreinander haben, wenn die Hochzeit vorbei ist und wir zusammen wohnen.«

»Apropos, hast du denn schon eine Wohnung für uns gefunden, die uns gefallen würde?«, hakte Stine nach.

Arthur hatte darauf bestanden, dass er ein Nest für sie aussuchen würde. Natürlich sollte Stine mitentscheiden, aber um die Vorauswahl brauchte sie sich nicht zu kümmern.

Er schluckte und schaute aufs Meer hinaus. Das wäre jetzt die Gelegenheit, Stine zu erzählen, was sich in Barmstedes Garten tat. Nämlich, dass die Handwerker schon fleißig in ihrem neuen Zuhause arbeiteten. Aber er konnte sich gut vorstellen, wie Stine reagieren würde. Zu Recht! Sollte er mit dieser Offenbarung den schönen Moment zerstören? Wann hatten sie das letzte Mal Zeit füreinander gehabt? Und der Abend heute war so vielversprechend. Später wollten sie eine Kleinigkeit essen gehen und dann in Stines Wohnung die Nacht verbringen. Wann waren sie das letzte Mal eng umschlungen eingeschlafen? Es war sicher besser, mit der Neuigkeit noch zu warten. Wer weiß, vielleicht konnte er es als Hochzeitsgeschenk »verpacken« und sie damit überraschen. Konnte sie ihm das dann abschlagen? Diese Aussicht stimmte Arthur versöhnlicher. Auch wenn er insgeheim spürte, dass er sich selbst betrog, wollte er jetzt unbedingt daran glauben, dass Stine das Häuschen irgendwann gut finden würde. Nur eben jetzt nicht!

»Ich habe da schon einige Objekte im Auge. Bis zur Hochzeit kann ich dir bestimmt die eine oder andere schöne Wohnung präsentieren«, antwortete er nun stattdessen und nahm Stine fest in die Arme. Als er sich leicht löste, hob er vorsichtig ihren Kopf an und küsste sie sanft. Stine erwiderte den Kuss zaghaft und legte ihre Stirn an seine Brust.

Arthur spürte einen leichten Stich im Magen. Wo war die Leidenschaft geblieben? So zögerlich kannte er Stine nicht. Ob sie wegen der Hochzeit kalte Füße bekam? Oder weil er sich nicht intensiv genug um die Wohnung gekümmert hatte? Er musste unbedingt wieder mehr Zeit mit ihr verbringen. Aber in den nächsten Tagen war er erst mal gar nicht da. Das musste er ihr auch noch schonend beibringen.

Stine nahm wieder seine Hand und sie schlenderten weiter den Strand entlang.

Anne

Als die Haustür ins Schloss gefallen war, stand Anne wie erstarrt im Flur ihres Einfamilienhauses. Unfähig sich zu bewegen, ließ sie die letzten Minuten noch einmal vorüberziehen. Sie hatte sich so auf diesen Abend gefreut. Linnea war bei ihren Eltern und Raul und sie wollten endlich wieder einmal ausgehen.

Noch vor zwei Stunden war sie voller Vorfreude in die Badewanne gestiegen und hatte sich dem Duft des Badeöls und der Musik von Zaz hingegeben. Sie liebte die französische Sängerin mit der rauchigen Stimme. Auch wenn sich ihre Französischkenntnisse auf Schulniveau beschränkten, trällerte sie jedes der Lieder mit und kam sich unglaublich sexy vor. Mit einem Glas Rotwein in der Hand war sie vom Bad in das Schlafzimmer getanzt und hatte ihr verführerischstes Kleid aus dem Schrank genommen. Selbst nach der Schwangerschaft passte es wieder wie angegossen. Eine seitliche Strähne ihrer halblangen Haare hatte sie eingedreht und am Hinterkopf festgesteckt. Das dezente Make-up ließ sie reifer wirken. Und weil sie wusste, dass Raul es so an ihr liebte, fuhr sie ihren Schmollmund mit knallrotem Lippenstift nach.

Als Anne dann endlich den Schlüssel im Schloss der Haustür gehört hatte, war sie ihrem Mann mit verführerischem Augenaufschlag entgegengetreten. Sie wusste, so konnte er ihr noch nie widerstehen. Und sie wollte unbedingt einen wunderschönen Abend mit ihm erleben.

Raul hatte müde und irgendwie gequält ausgesehen und sie nur kurz angeschaut. Auf seine Frage, ob sie heute was vorhätten, hatte sie enttäuscht genickt.

»Wir wollten nach Stralsund fahren, etwas essen gehen und dann flanieren! So wie früher!«, flüsterte sie leise.

»Bist du dir sicher?«, fragte Raul und drückte ihr einen flüchtigen Kuss auf die Wange. Kurz darauf verschwand er in der Küche und goss sich ein Glas Rotwein ein.

»Du hast dich also schon in Stimmung gebracht?«, rief er und nahm einen ordentlichen Schluck.

»Na ja, ich habe mich schick gemacht, Musik gehört und auf den Abend gefreut«, antwortete Anne, die bewegungslos im Flur stand. »Und ja, ich habe auch ein Glas Rotwein getrunken. Ist das verboten?«

Jetzt drehte sie sich langsam um und betrat ebenfalls die Küche.

Raul stand mit dem Rücken zu ihr, die Hände auf die Arbeitsplatte gestützt.

»Aha, allein?«, fragte er nur.

»Natürlich allein! Siehst du hier irgendjemanden?« Anne trat irritiert an ihren Mann heran und ließ ihre Hand auf seinem Rücken herabgleiten. Raul zuckte leicht zusammen. Gänsehaut stellte sich auf seinen Armen auf. Noch immer rührte er sich nicht.

»Wir wollten uns doch immer die Wahrheit sagen, oder? Keine Lügen, keine Geheimnisse, die dem anderen wehtun würden«, begann er jetzt beherrscht.

Anne nahm ihre Hand von seinem Rücken. »Ja ... warum?«, hauchte sie.

»Und warum fühlt es sich dann so anders an? Wieso habe ich die ganze Zeit das Gefühl, dass du mir etwas verschweigst?« Nun drehte sich Raul um und sah ihr direkt in die Augen.

Anne trat einen Schritt zurück. Ihr Herz pochte wie wild. Waren Rauls Augen sonst dunkel, schaute sie nun in pechschwarze, die ihr Angst machten.

»Was meinst du?«, fragte sie zaghaft. Sie konnte sich beim besten Willen nicht vorstellen, was sie falsch gemacht hatte. Sie liebte ihn doch! Es gab keinen anderen Mann in ihrem Leben, das konnte er doch nicht glauben.

Raul schaute ihr immer noch stur in die Augen. Was wollte er denn darin lesen? Er musste doch ihre Unsicherheit sehen!

Annes Gedanken kreisten unaufhörlich. Ihre Tage liefen immer gleich ab. Linnea, der Haushalt, einkaufen, waschen ... auf Raul warten. Was sollte das denn? Wenn, dann hatte er alle Möglichkeiten, eine andere Frau kennenzulernen. Er war doch derjenige, der morgens aus dem Haus ging und erst am Abend wiederkam. Allmählich wurde Anne wütend.

»Raul, was genau willst du von mir? Du kannst mich direkt fragen, ich bin hier!« Sie legte ihre Hand auf ihr Dekolleté und schaute ihn herausfordernd an.

»Ich?«, schnaufte Raul sofort. »Wenn du etwas zu sagen hast, dann musst du es mir doch erzählen!«

Mit lautem Knall stellte er das Weinglas auf der Arbeitsplatte ab und schob sich grob an Anne vorbei.

Sie versuchte, ihn am Arm zurückzuhalten. Als er sich losriss, rannte sie ihm in den Hausflur hinterher.

»Raul, es gibt nichts zu erzählen! Alles ist wie immer! Was ist denn bloß in dich gefahren?«, schrie sie ihm hinterher, als er sich nicht aufhalten ließ.

Und dann fiel die Tür ins Schloss und der Abend, den sie so herbeigesehnt hatte, war zu einem Desaster geworden.

Anne wusste nicht mehr, wie lange sie still dagestanden hatte. Raul war schon immer impulsiv gewesen. Ein Spanier eben. Aber so hatte sie ihn noch nie erlebt. In jeder Beziehung gab es Höhen und Tiefen, auch sie waren davon nicht verschont geblieben. Aber egal, was bisher auch vorgefallen war, den Respekt voreinander hatten sie nie verloren. Das war die Basis ihrer Liebe. Sie wussten, dass sie grundverschieden waren. Und dass sie genau diese Unterschiede anzogen. Und dass deshalb Toleranz und Respekt wichtig waren. Auf diesem Nährboden wuchs die zarte Pflanze ihrer Liebe und hatte bisher jedem Sturm getrotzt. Anne wusste, dass es keinen anderen Mann für sie geben konnte. Mit Raul fühlte sich alles perfekt an. Die Sonne schien heller, die Blumen blühten bunter, der Wein schmeckte fruchtiger und Linnea, ihre kleine süße Tochter, war der schönste Beweis ihrer Liebe.

Schluchzend stützte sie sich am Treppengeländer ab. Was war nur geschehen? Warum konnte Raul sie nicht direkt ansprechen, wenn er etwas auf dem Herzen hatte? Aber nein, das ging nicht bei einem stolzen Spanier. Das hatte sie schon öfter feststellen müssen. Bisher konnte sie immer darüber schmunzeln. Aber diesmal ging er zu weit. Hatte sie ihm zu viele seiner Macken durchgehen lassen?

Erschöpft vom vielen Denken und Weinen holte sie sich eine Flasche Wasser aus der Küche und tapste ins Schlafzimmer. Achtlos ließ Anne das kleine Schwarze fallen und schlüpfte in einen bequemen Hausanzug. Gierig trank sie ein paar Schlucke aus der Flasche, dann machte sie sich auf den Weg zum Dachboden. Das einzige, was jetzt helfen konnte, war ihren Gefühlen mithilfe des Kohlestiftes freien Lauf zu lassen. Noch am Nachmittag hatte sie sich eine neue Folge ihres Onlinelehrers angeschaut. Es gab also genug Ablenkung, um die besondere Technik der Schattierung auszuprobieren. Gut, dass Raul nichts von ihrem neuen Hobby ahnte. Noch fühlte sie sich nicht gut genug, um ihre Werke vorzuführen. Nicht mal ihren Mädels.

Stine

»Mach dir keine Sorgen«, flüsterte Stine in ihr Smartphone. Sie hatte schützend die andere Hand um Mund und Handy gelegt, um den Wind abzuhalten. Und um Arthur besser zu verstehen. Er war seit ein paar Tagen in Hamburg und jeden Abend ging Stine an den Strand, um mit ihm zu telefonieren. Manchmal war es nur ein kurzes Gespräch, weil Arthur noch an einem Geschäftsessen teilnehmen musste. Aber heute hatte er Zeit.

Stine saß kurz vor den Dünen im warmen Sand. Sie Sonne stand noch ziemlich hoch am Himmel. Endlich zeigte sich der Sommer von seiner besten Seite. Nach dem durchwachsenen Wetter im Juni genossen jetzt Einheimische wie Urlauber die heißen Tage. Stines Café war jeden Nachmittag gut besucht. Sie hatte die alte Kühltruhe aus dem Abstellraum geholt und, wie in jedem Sommer, mit Eis bestückt. Schließlich wollte sie auch die Kinder beglücken, die sehnsüchtig darauf warteten, dass ihre Eltern mit Kaffee und Kuchen fertig wurden und sie wieder Richtung Strand aufbrechen konnten.

»Ich mache mir aber Gedanken«, hörte Stine Arthur antworten. »Du wirkst in letzter Zeit so bedrückt. Ist es wegen der Hochzeit? Ich weiß, dass sich meine Mutter zu sehr einmischt, aber das war uns beiden ja vorher schon klar gewesen, oder?«

Stine nickte unmerklich mit dem Kopf und verzog das Gesicht. »Na klar, das war nicht anders zu erwarten gewesen«, antwortete sie und schaute hinaus aufs Meer.

Arthur spürte, dass sie mit ihren Gedanken schon wieder woanders war.

»Schatz, soll ich die Dienstreise abbrechen? Ich könnte irgendeine Ausrede finden. Oder, das müsste ich ja nicht mal, ich könnte einfach sagen, dass ich meine Hochzeit mit vorbereiten möchte. Das wäre nicht gelogen. Und mein Vater müsste eben jemand anderen hierher schicken. Die wundern sich sowieso schon alle, was ich so kurz vor dem großen Tag in Hamburg mache.« Arthur hatte immer schneller gesprochen und Stine hörte ihn aufgeregt atmen.

»Ach, das ist doch Quatsch! Hier läuft alles, dank deiner Mutter. Ich habe auch so viel im Café zu tun, abends falle ich sowieso todmüde ins Bett«, antwortete Stine schnell. Das stimmte nicht so ganz. Todmüde war sie, aber schlafen konnte sie nicht besonders gut. Zu wissen, dass Ben ganz in ihrer Nähe war, ließ sie nicht wirklich zur Ruhe kommen.

Arthur seufzte. »Okay, wahrscheinlich hast du recht. Und ich fürchte, meine Anwesenheit wird tatsächlich hier gebraucht.« Stine hörte, wie er die Hand auf seinen Hörer legte und irgendetwas murmelte.

»Meine Liebe, ich muss weiter. Die Kollegen wollen heute in ein exzellentes Fischrestaurant. Und ich hatte ihnen schon zugesagt«, entschuldigte er sich.

»Na, dann lass es dir schmecken!«, sagte Stine schnell und konzentrierte sich auf die Abschiedszeremonie. Wie immer gaben sie sich das Versprechen, dass sie sich von Herzen liebten und schoben drei Küsschen nach.

Und dann war es still um Stine herum. Nur die Wellen rauschten leise. Es ging kaum ein Lüftchen, was nicht oft im Jahr vorkam. Das Meer glitzerte in der allmählich untergehenden Sonne. Am Horizont schoben sich schattenhaft Schiffe vorbei. Stine schmeckte die salzige Luft, die ihr ein tiefes Gefühl von Zuhause vermittelte. Sie genoss den kurzen Moment der inneren Ruhe, ließ sich in den Sand sinken und schloss die Augen.

Mit einem Ruck setzte sie sich auf. War sie etwa eingeschlafen? Hier am Strand? Die Sonne senkte sich gerade am Horizont ins Meer hinab. Sie schüttelte sich. Der ganze Körper schien mit einer Gänsehaut überzogen zu sein. Sie schlang die Arme um den Körper und versuchte, das aufkommende Zittern zu unterdrücken.

»Möchtest du meine Jacke haben?«

Das Blut gefror Stine in den Adern. Mit einem Satz war sie auf den Beinen. Es war nicht nur, dass sie sich furchtbar erschreckt hatte, sie kannte vor allen Dingen die Stimme, die an ihr Ohr gedrungen war.

»Bist du wahnsinnig?«, fragte Stine jetzt atemlos. »Ich hätte einen Herzinfarkt bekommen können! Und überhaupt, was machst du hier?«

Stine zog mit dem Arm einen großen Kreis, womit sie den ganzen Strand meinte. Sie war noch einen Schritt zurückgegangen und tippelte unruhig mit den Füßen.

»Stine, beruhige dich! Ich wollte einfach die warme Abendsonne genießen und bin am Strand entlang gelaufen. Und dann lagst du da. Einfach so! Weißt du, was ich im ersten Moment für einen Schrecken bekommen habe?«

Stine konnte es nicht fassen, dass Ben hier im Sand saß. Sie sah ihn mit großen Augen an, wollte etwas sagen, wusste aber nicht was. Sie schnappte nach Luft. Wenigstens hatte sie ihr Gezappel wieder unter Kontrolle.

»Und da dachtest du, dass du dich einfach mal neben mich setzen kannst, ja? Ich brauche keinen Beschützer, jedenfalls nicht dich!«, sagte sie jetzt, patziger als sie eigentlich vorgehabt hatte.

»Ich weiß nicht, vielleicht hätte ich weitergehen sollen.« Ben war aufgestanden und trat einen Schritt auf sie zu. »Es tut mir leid, ich konnte dich nicht einfach hier alleine liegen lassen. Wir haben uns so lange nicht gesehen. Und dann lagst du da. Das war so unwirklich.« Er hob die Schultern und seufzte tief. Dann trat er noch einen Schritt näher an Stine heran.

»Bleib lieber, wo du bist«, sagte Stine und runzelte die Stirn. Ihr gingen tausend Gedanken durch den Kopf. Fragen, die sie ihm schon immer stellen wollte. Giftpfeile, die seit Jahren im Hinterstübchen ihres Gehirns lagerten und darauf warteten, abgeschossen zu werden. Aber nichts von alledem kam ihr über die Lippen. Da stand er nun also. Ein paar Fältchen hatten sich um seine blauen Augen gelegt, die sie liebevoll ansahen. Er besaß die gesunde Bräune eines Menschen, der viel draußen war. Und auch seine Muskulatur verriet, dass er körperlich tätig sein musste. Alles in allem sah Ben einfach unverschämt gut aus.

»Fertig gescannt?«, fragte er jetzt lächelnd.

Oh, wie sie diese Stimme geliebt und vermisst hatte. Dieser warme männliche Ton, so als würde er die Worte in dunkles, geheimnisvoll knisterndes Seidenpapier packen.

Stine räusperte sich, als sie merkte, dass sie Ben noch immer anstarrte. Sein Lächeln war mittlerweile noch breiter geworden.

»Ich habe nicht ...«, setzte sie an. Ach, was tat sie denn da? Sich rechtfertigen? Nach alledem, was er Stine angetan hatte, war wohl erst mal Ben dran, sich zu entschuldigen. Und da er es anscheinend nicht vor hatte, konnte er ihr auch gestohlen bleiben. Sagte der Kopf, Stines Herz schlug immer noch wie wild.

»Es ist besser, wenn ich jetzt gehe! Ich ... es wird schon dunkel ... und ich muss noch ...« Sie drehte sich einfach um, und begann zu laufen. Dieses Gestammel ärgerte sie. Wie konnte es sein, dass Ben nach so vielen Jahren ihr Herz immer noch zum Beben brachte!

»Stine! Warte!«, rief Ben ihr hinterher. »Lass uns reden!«

»Nein ... nicht jetzt ... ich muss weg!« Wenigstens hatte sie es geschafft, sich von seinem Anblick loszureißen. Und Ben schien ihr auch nicht hinterherzulaufen. Nun zahlte sich ihr Lauftraining aus. Sie stoppte erst, als sie an ihrer Wohnung angekommen war.

Schnaufend schloss sie die Haustür auf und nahm zwei Stufen auf einmal, als wäre der Teufel persönlich hinter ihr her. Erst als sie die Wohnungstür geschlossen hatte, ließ sie ihren Gefühlen freien Lauf. Wie konnte das nur passieren? Warum war Ben ausgerechnet jetzt zurückgekommen? So kurz vor ihrer Hochzeit? Sollte das noch einmal eine Probe sein? Darauf konnte sie gut verzichten, schließlich hatten Arthur und sie genug Proben zu bestehen. Arthur! Sie musste jetzt seine Stimme hören. Er sollte ihr sagen, dass alles gut war.

Stine fasste in ihre Hosentasche. Leer! Jacke hatte sie bei diesem Wetter keine dabei. Also auch keine weitere Möglichkeit, das Handy wegzustecken.

»Oh nein!«, jammerte sie auf. »Das darf doch alles nicht wahr sein.« Das blöde Ding lag bestimmt noch am Strand. Stine setzte sich an den Küchentisch und schaute aus dem Fenster. Stockdunkel. Die Suche konnte sie heute vergessen. Und wenn Ben das Handy gefunden hatte? Sie schluckte.

Caro

»Und wenn wir in Sydney ankommen, mieten wir uns ein Wohnmobil, ja?« Caro blätterte in dem buntbebilderten Reiseführer. Sie lag quer auf ihrem Doppelbett, umgeben von noch mehr Urlaubslektüre. Manche hatte sie aufgeklappt abgelegt, in anderen steckten unzählige Lesezeichen.

Am Kopfende saß Johannes, ein großer, schlaksiger Mann mit halblangen blonden Haaren und einem wettergegerbten Gesicht.

»Das würde ich auf jeden Fall machen. Australien mit dem Wohnmobil zu erkunden ist ein Traum!«, antwortete er grinsend.

»Dann schreib auf«, zeigte Caro mit dem Bleistift in der Hand an, ohne aufzuschauen.

Brav notierte Johannes ihre Idee und legte dann den Notizblock beiseite.

»So, schöne Frau ... und wann gehen wir nun auf große Fahrt?«

Caro klemmte den Stift in den Reiseführer und klappte ihn geräuschvoll zu. Sie hatte befürchtet, dass die Frage heute kommen würde. Mit beiden Händen schob sie die Bücher zusammen, sodass Johannes neben sie rutschen konnte. Es war für Caro immer noch unglaublich, dass sie diesen tollen Mann kennengelernt hatte. Eigentlich so unfassbar, dass sie es noch nicht mal ihren Mädels erzählt hatte. Normalerweise dauerten Caros Beziehungen nicht so lange. Was nicht daran lag, dass sie nicht wollte, sondern eher daran, dass sie glaubte, die Männer würden nicht zu ihr passen. Von manchen wussten Anne und Stine gar nichts. Das war dann so schnell zu Ende gegangen, dass Caro nicht dazu gekommen war, sie zu erwähnen.

Aber bei Johannes war das anders. Ihn hatte sie vor ein paar Wochen bei einem Sportfest kennengelernt. Sie hatte mit ihrer dritten Klasse an einem Staffellauf teilgenommen. Die Halbmarathonstrecke auf jeweils fünf Schüler aufgeteilt. Teilnahme zählte, egal welche Zeit. Sie wollte, dass die Kinder Spaß am Sport hatten.

Und dann hatte sie ihn einfach mitten in der Menge entdeckt. Johannes strahlte die pure Lebensfreude aus. Sein Lachen steckte rundherum alle an. Er war Sportlehrer am Gymnasium in Stralsund und hatte das Sportfest mitorganisiert. Ständig traten Lehrer, Schüler oder Eltern mit einer Frage an ihn heran. Und immer antwortete er freundlich, auch wenn er die Frage schon hundertmal gehört hatte.

Caro konnte ihre Augen gar nicht mehr von ihm wenden. Und dann hatte er plötzlich aufgeschaut und sie direkt angesehen. Für einen Moment schien ihre Welt stehen geblieben zu sein. Johannes strahlte sie mit einem Zahnpasta-Werbelächeln an und konzentrierte sich dann wieder auf die umstehenden Fragesteller. Den ganzen Tag über schwebte Caro wie auf Wolke sieben an der Laufstrecke entlang. Als der erste ihrer Schüler dem Ziel entgegenlief, verkündete der Sprecher, dass dies Platz eins unter den Drittklässlern wäre. Voller Freude riss Caro die Arme nach oben, jubelte ausgelassen und klatschte sich mit dem Schüler ab, als der durchs Ziel an ihr vorbeilief. Und dann hörte sie eine tiefe Stimme neben ihrem Ohr.

»Herzlichen Glückwunsch! Tolle Leistung! Ihre Klasse?«

Irritiert schaute Caro auf und sah direkt in die blauesten Augen, die sie je gesehen hatte. Mehr als ein Nicken war in dem Moment für sie nicht möglich gewesen, aber später hatten sie noch mit einem Isodrink angestoßen. Und am nächsten Abend hatte Johannes sie zum Essen eingeladen.

Seitdem sahen sie sich, so oft es eben ging. Meistens kurz nach der Schule zum gemeinsamen Kaffeetrinken, einem Spaziergang oder zu Ausflügen ans Meer. Mehrmals in der Woche war Johannes abends für seinen zehnjährigen Neffen da. Seine Schwester arbeitete als Bedienung in einem Restaurant. Seit ihrer Scheidung half er ihr, so oft er konnte.

An den anderen Abenden hatten Caro und Johannes anfänglich telefoniert, später war Caro auch mal in

Stralsund geblieben und heute nun der erste Besuch von Johannes bei ihr in Ahrenshoop.

Sie lagen beide nebeneinander auf dem Rücken und ließen ihre Fernwehträume an der Zimmerdecke entlanggleiten. Wenn ich ihn mit neuen Zielen ablenke, kommt er vielleicht nicht auf seine Frage zurück, dachte Caro.

»Was meinst du? Sollen wir irgendwann auch das Nordkap in unsere Reiseroute packen? Ich würde so gerne mal die Nordlichter sehen«, fragte Caro andächtig.

»Da wirst du den Blick nicht mehr abwenden können!«, antwortete Johannes, drehte sich Caro zu und stützte den Kopf in seine Hand.

Caro tat es ihm gleich. »Sag nicht, dass du dort auch schon gewesen bist!«, sagte sie gespielt beleidigt.

Johannes zuckte lächelnd mit den Schultern. »Mit dir fahre ich noch mal um die ganze Welt. Es gibt so viel zu entdecken.«

»Hm, hoffentlich gibt es noch ein Fleckchen Erde, was wir gemeinsam das erste Mal sehen.« Caro sah in Johannes' blaue Augen.

»Wann?«, flüsterte er.

Da war sie wieder, die Frage aller Fragen. Wie sollte sie ihm nur erklären, dass sie das alles nicht konnte. Dass sie nicht einfach den Koffer packen und auf große Reise gehen konnte. Jedenfalls nicht auf die Touren, die sie beide nun schon eine ganze Weile planten. Was hatte sie sich nur dabei gedacht? Es war doch klar, dass es irgendwann konkreter werden würde.

Caro schluckte und setzte sich auf.

»Also«, begann sie. »Ich muss das erst ... ähm, sacken lassen. Und überhaupt ... so lange sind war ja noch nicht zusammen.« Sie traute sich nicht, ihn anzusehen. »Natürlich möchte ich auf jeden Fall mit dir gemeinsam die Welt entdecken. Nur ... ich, ähm, kann im Moment nicht ...«

Johannes war aufgesprungen. Kurz blieb er mitten im Zimmer stehen, dann hockte er sich vor Caro hin und legte den Kopf schief.

»Was ist los?«, fragte er sanft.

Oh Gott, dieser Mann ist so sexy, dachte Caro. Am liebsten hätte sie ihn genau jetzt zurück aufs Bett gezogen und nicht mehr über Reisen oder Urlaub buchen nachgedacht. Diese Augen, die blonden Haare, der verwegene Dreitagebart. Caro musste wieder schlucken. Aber Johannes erwartete eine Antwort von ihr. Da half es sicher nicht, ihn jetzt zu verführen. Hätte sie das mal früher getan, dann wäre die Diskussion jetzt nicht aufgekommen. Wenn sie doch nur wüsste, was sie ihm erzählen sollte. Die Wahrheit kam wohl kaum infrage. Dann würde er wahrscheinlich direkt aufstehen und gehen. Es war zum Verzweifeln.

»Johannes, ich muss das erst alles in der Schule klären«, begann sie zaghaft.

»Ich auch!«, antwortete er lächelnd.

»Na ja, dann sind da noch meine Freundinnen. Stine geht es gerade nicht so gut. Sie braucht mich.«

Johannes runzelte die Stirn. »Ich dachte, sie heiratet in ein paar Tagen. Sollte sie da nicht voller Vorfreude sein?«

»Ja, das verstehst du nicht. Das würde jetzt alles zu weit führen, wenn ...«

Weiter kam Caro nicht. Johannes war aufgestanden und einen Schritt zurückgetreten. Skeptisch schaute er Caro an.

»Ich bin gerade ein bisschen ratlos! Wir planen hier die tollste Weltreise und wenn es darum geht, einen Abreisetermin zu finden, suchst du nach Ausreden.«

Er ging um das Bett herum und nahm seine Sporttasche vom Stuhl, gepackt für einige Tage Ahrenshoop.

»Und irgendwie habe ich auch das Gefühl, dass du mich nicht wirklich in deine Welt lassen willst. Ich glaube, ich bin schon ein großer Junge und würde verstehen, was deine Freundin so kurz vor der Hochzeit umtreibt. Meinst du nicht?«

Caro rührte sich nicht vom Fleck. Sie war hin- und hergerissen. Einerseits wollte sie ihm alles erzählen, sich ihm anvertrauen, hatte aber andererseits genau davor

Angst. Schließlich wussten noch nicht mal ihre Freundinnen von ihrem Problem. Sie hatte irgendwann den Zeitpunkt verpasst, es ihnen zu sagen. Und jetzt, nach so vielen Jahren, kam es ihr irgendwie albern vor. Sie musste selbst eine Lösung finden. Nur hatte sie die nicht sofort parat. Und schon gar nicht in diesem Moment.

Johannes räusperte sich. »Also gut, aus deinem Schweigen schließe ich, dass ich nicht in dein Leben passe. Aber Caro, was war das dann alles zwischen uns? Für mich hat es sich nach mehr angefühlt. Für dich wohl nicht. Ist es so?« Er schulterte die Tasche und verließ den Raum.

Oh weh, er geht! Nein, was hatte er noch mal zu ihr gesagt? Was meinte er damit, ob es so ist? Wieder einmal war sie so mit ihren eigenen Gedanken beschäftigt, dass sie nicht richtig zugehört hatte.

»Nein, es ist natürlich nicht so«, rief sie jetzt eilig hinterher.

Johannes steckte noch einmal den Kopf zur Tür herein. »Wie ist es dann?«, fragte er.

Ja, wie dann? Das fragte sich Caro auch. Wenn sie nur wüsste, was sie antworten sollte.

»Ich ... ich glaube, ich liebe dich!«, begann sie zu stottern. Solche Dinge gingen ihr immer schlecht über die Lippen. Aber so blöd hatte sie es noch nie gesagt.

»Du glaubst also, dass du mich liebst«, wiederholte Johannes. Er sah sie traurig an. »Weißt du was Caro, wenn du dir sicher bist, kannst du dich ja wieder bei mir melden, ja?«

Dann drehte er sich um und Caro hörte die Wohnungstür ins Schloss fallen.

Sie schlug die Hände vor das Gesicht. Wie blöd konnte sie nur sein, Johannes einfach gehen zu lassen. Jetzt war alles aus. Die wunderschöne rosa Seifenblase war geplatzt.

Caro ließ sich rücklings aufs Bett sinken. Die Bücher in ihrem Rücken spürte sie kaum. Mit einem tiefen Seufzer ließ sie ihren Gefühlen freien Lauf. Die Tränen konnte sie nicht aufhalten, wollte sie auch nicht mehr. Viel zu oft hat sie die Coole gemimt. Jetzt war nichts mehr cool, nun tat alles nur noch weh.

Ben

Der Sandweg zum Café *Schmökergenuss* verlief leicht bergan. Auch wenn er nicht genau wusste, wie er Stine gegenübertreten sollte, genoss Ben doch den warmen Sommerwind, der ihn begleitete. Wie er diese Beschwingtheit in Alaska vermisst hatte! Trotz der ganzen Probleme, die ihn hier wieder einfingen, fühlte sich das Leben leichter an. Das raue Klima in Alaska war ihm anfangs sehr gelegen gekommen. Er wollte das alte Leben hier in Ahrenshoop vergessen, wollte neu beginnen. Da kam ihm alles recht, was anders war. Aber irgendwann fehlten ihm die Freunde, sich eben mal kurz am Strand zu treffen oder in die nächstgrößere Stadt zu fahren. In Alaska war alles riesig und weit. Selbst die Tiere waren größer. Forellen so groß wie Lachse und dann die Bären. Noch heute bekam er Gänsehaut, wenn er an seine erste Begegnung mit einem Schwarzbären dachte. Aus heutiger Sicht war er froh, dass es kein Braunbär oder Grizzly gewesen war. Die konnten angeblich ungemütlich werden.

Kurz vor dem Café blieb Ben stehen. Er schaute sich noch einmal um. Vor ihm lag der kleine Ort und am Horizont sah er die glitzernde See. Was für ein traumhaftes Fleckchen, um ein Café zu eröffnen, dachte er. Auf der

Terrasse saßen zwei Pärchen und genossen den morgendlichen Kaffee.

Ben holte tief Luft und nahm Stines Handy aus der Hosentasche. Er hatte es sich verboten, auch nur einen Blick darauf zu werfen. Auch wenn es sicher passwortgeschützt war, wollte er doch gar nicht erst in die Versuchung kommen.

Sein Blick wanderte über die Terrasse zum Eingang des Cafés. Die weiße Fassade des Gebäudes war bröckelig, man sah ihm die vielen Jahre, dem Wind und der salzigen Luft ausgesetzt, einfach an. Aber Tür und Fenster schienen erneuert worden zu sein. Ihr Meeresblau strahlte in der Sonne. Davor schützten blau-weiße Sonnenschirme die Gäste, die auf verschiedenartigen Stühlen um die kleinen runden Tische herum saßen. Bei diesem Anblick kam Ben direkt in mediterrane Stimmung. Jetzt einen Eisbecher zu schlecken oder eines von Stines Törtchen zu probieren, stellte er sich himmlisch vor. Dazu ein schöner Milchkaffee oder eine eiskalte Weinschorle. Ben spürte förmlich, wie ihn das Genusscafé anzog.

Aber erst musste er mit der Besitzerin sprechen. Von außen hatte er Stine nicht entdecken können. Vorsichtig öffnete er die Tür. Ein kleines Glöckchen klingelte beim Eintreten. Überrascht sah er sich um. Der Innenbereich war eher in Creme- und Moccatönen gehalten. Das wandfüllende Bücherregal lud tatsächlich direkt zum

Schmökern ein. Und als wäre es der Wohnzimmeratmosphäre nicht genug, standen hier um die Bistrotische Sessel in den unterschiedlichsten Formen und Größen. Nur der Farbton war immer wieder harmonisch auf das Gesamtambiente abgestimmt.

Begeistert ließ Ben seinen Blick weiter schweifen. Der Verkaufstresen stand dezent im hinteren Bereich des Raumes. Eine weitere Tür und ein verführerischer Duft verrieten, dass dahinter die Backstube sein musste.

»Ich bin sofort bei Ihnen«, vernahm Ben eine fröhliche Stimme aus eben diesem Raum.

Ben schluckte. Hoffentlich blieb Stines Ton so fröhlich, wenn sie ihn sah.

Plötzlich schwang die Tür auf und Stine trat schwungvoll mit einer Platte voller Törtchen hindurch. Abrupt blieb sie stehen und konnte gerade so eine Kollision der zurückschwingenden Tür mit ihren Backkreationen verhindern. Schnell stellte sie die Platte ab und schob sie vorsichtig zwischen zwei andere, die mit ähnlichen Köstlichkeiten gefüllt waren. Anschließend verschloss sie die Kühltheke ordentlich und wischte mit einem gelben Lappen die Krümel von der Arbeitsplatte.

»Hallo Stine«, begann Ben zaghaft. Leider schien ihre Fröhlichkeit direkt auf den Nullpunkt gesunken zu sein, als sie ihn erblickt hatte.

»Hallo«, antwortete Stine leise, schaute Ben dabei aber nicht an. »Was willst du?« Nun wagte sie doch einen kurzen Blick.

»Na ja, zum einen habe ich dein Handy gefunden.« Ben reichte es ihr über die Kühltheke.

Stine nahm es ihm mit spitzen Fingern ab, darauf bedacht, ihn nicht zu berühren. Sie schaute flüchtig darüber und legte es dann auf die Arbeitsplatte.

»Und zum anderen?«, fragte sie und schaute Ben nun direkt in die Augen.

Ben genoss den Moment, ihre volle Aufmerksamkeit zu haben. Diese grün-braunen Augen, die ihn immer an Katzenaugen erinnerten, das gebräunte Gesicht umrahmt von wilden braunen Locken, die nachlässig hochgesteckt waren. Wie sehr hatte er diesen Anblick vermisst.

Stine neigte fragend den Kopf.

»Ich dachte, wir könnten reden?« Ben hatte plötzlich einen trockenen Hals.

Stines Blick verriet, dass sie darüber nachdachte. Dann schaute sie auf die Uhr. »In zwei Stunden mache ich das Café zu und habe Mittagspause. Dann können wir reden«, antwortete sie schließlich zögerlich.

Ben nickte schnell. »Okay, toll! Ich ...« Er schaute sich im Raum um. »... würde gern hierbleiben. Ist das für dich in Ordnung?«

Stine räusperte sich und zog die Stirn in Falten, nickte dann aber. »Kann ich dir was bringen?«

»Ein Sanddorntörtchen und ein Milchkaffee wären toll!«

Ben suchte sich einen Platz nahe am Fenster, sodass er einen freien Blick nach draußen auf das Meer hatte, aber auch Stine bei der Arbeit beobachten konnte.

In den nächsten zwei Stunden konnte sich Ben kaum auf das Buch, das er sich aus dem Regal genommen hatte, konzentrieren. Immer wieder schaute er fasziniert zu, wie Stine Kuchenteller, Tassen und Gläser balancierte, mit den Gästen fröhlich plauderte, zwischendurch versuchte, ihre Locken zu bändigen, oder völlig versunken den riesigen Kaffeeautomat bediente.

Mittlerweile war er bei seinem dritten Törtchen angelangt. Heidelbeere und Nugat hatte er sich noch gegönnt. Nun zog ein herzhafter Duft nach Zwiebeln, Tomaten und Käse aus der Backstube.

Ben schaute auf die Uhr. Gleich 12 Uhr mittags. Trotz der Hitze draußen war es im Gastraum angenehm kühl. Mit hochsteigender Sonne hatten sich die Gäste immer mehr ins Innere verzogen. Aber allmählich lichteten sich die Reihen. Ben spürte Aufregung aufkommen. Würde sich Stine tatsächlich ihm gegenüber setzen und zuhören? Und was genau wollte er ihr überhaupt sagen? Was wollte sie hören? Was konnte sie verkraften, ohne dass er ihr wieder wehtun musste?

Mit einem Mal war es soweit. Stine hatte sich ein großes Glas Wasser eingeschenkt, die Flasche unter den Arm geklemmt und Ben gleich ein Glas mitgebracht.

»Ich dachte, falls du mal was anderes als Kaffee trinken willst«, sagte sie und stellte ihm das Glas hin.

Mit einem Seufzer setzte sie sich und pustete die Haare aus der Stirn.

»Danke«, murmelt Ben nervös. Er zitterte leicht, als er das Wasser in sein Glas füllte und sofort ansetzte.

»Da hast du dir ja was richtig Tolles aufgebaut!« Ben schaute Stine jetzt direkt an. »Du scheinst hier richtig aufzugehen. Und deine Törtchen schmecken wie früher! Wirklich klasse!« Er lächelte Stine offen an.

Auch Stine lächelte zurück. »Danke für das Kompliment. Ja, das hier ist wirklich meine Welt. Die Leute sind nett. Sie genießen meinen Kaffee und die Spezialitäten. Und meine Stammkunden kommen mittlerweile sogar zum Schmökern. Insofern ist der Name des Cafés doch passend.«

Stine hielt kurz inne, als wäre sie sich nicht sicher, ob sie mit Ben so viel Smalltalk machen sollte. »Ich dachte zuerst, dass es zu kitschig klingen würde. Aber Anne und Caro waren sich einig, dass genau das zu mir passt.« Eine leichte Röte stieg in Stines Gesicht.

»Ach ja, Anne und Caro. Seid ihr immer noch die besten Freundinnen? Wie geht es ihnen?«, fragte Ben interessiert. Er freute sich, dass Stine so offen war.

Stine nickte. »Natürlich sind wir noch Freundinnen. Wenn man so oft gemeinsam durch dick und dünn gegangen ist, dann kann einem das keiner nehmen.« Sie schaute nach draußen und ließ ihren Blick in der Ferne über dem Meer ruhen. »Auch keine Männer«, flüsterte sie.

Ben räusperte sich. Nun war es also soweit.

»Stine, ich ... es tut mir leid, wie damals alles abgelaufen ist. Ich war enttäuscht. Also von mir, meine ich. Alles war weg. Wegen einer Dummheit! Ich war so blöd. Auch der Alkohol ist keine Entschuldigung. Das weiß ich jetzt. Aber ich hätte nichts mit Jennifer anfangen dürfen. Ich weiß nicht, was mich geritten hat. Du warst doch meine große Liebe.«

Es sprudelte nur so aus Ben heraus. Stine schaute ihn mit großen Augen an. So verzweifelt hatte sie ihn noch nie gesehen. Außer vielleicht damals, kurz bevor er gegangen war.

»Ja, aber trotzdem bist du nicht dageblieben, sondern ans andere Ende der Welt gezogen«, antwortete Stine traurig.

Ben nickte. Was sollte er darauf sagen? Genau so war es gewesen.

»Ich hab's vermasselt, ich weiß. Aber es gab eben keine Hoffnung mehr. Du hattest mir eindeutig gesagt, dass du mir nicht verzeihen kannst. Ich hätte nicht hier weiter leben können. Die Chance, dir täglich über den Weg zu laufen, war eine schmerzvolle Aussicht. Vielleicht war ich feige, aber es gab nun mal keine Zukunft für uns.«

Sie schauten sich tief in die Augen. Der Schmerz von damals war nahezu greifbar. Stine schluckte.

»Ach Ben, ich wollte eine Auszeit, wollte darüber nachdenken. Und dann warst du weg. Und ich habe noch versucht, dich in Alaska ausfindig zu machen.« Stine wurde immer leiser. Doch dann gab sie sich einen Ruck.

»Na ja, und dann kamen neue Nachrichten. Ich konnte es einfach nicht fassen. Warum hast du nicht zu Jennifer gestanden?«

»Warum sollte ich zu ihr stehen? Es war ein Ausrutscher, hätte nie passieren dürfen! Ich habe sie doch nicht geliebt!« Ben war aufgesprungen, stellte sich an die große Glasscheibe und schaute nach draußen.

Fassungslos starrte Stine seinen Rücken an. Das konnte doch nicht wahr sein. War Ben wirklich so verantwortungslos?

»Klar, da war es schon einfacher, am anderen Ende der Welt eine neue Familie zu gründen? Vielleicht hättest du besser mal hier deinen Mann gestanden! Wie konntest du dich der Verantwortung nur so entziehen?«

Ben sah, dass Stine Tränen in den Augen hatte. Ihm war nur nicht ganz klar, was sie mit ihren Anschuldigungen meinte.

»Stine, ich ...«, versuchte er es mit einer Antwort.

»Ach, lass es einfach Ben. Wir hatten unsere Zeit. Es geht mich alles nichts mehr an. Mich wundert nur, dass du deine neue Familie nicht mitgebracht hast. Oder kannst du zu ihr auch schon nicht mehr stehen?«

Stine hatte die Tür aufgerissen und zeigte Ben an zu gehen. Sie konnte kaum noch ihre Tränen zurückhalten. Und vor ihm wollte sie nicht losheulen.

»Stine bitte, ich kann dir das alles erklären! Lass uns in Ruhe ...«

»Raus!«, schrie Stine nun mit eindringlicher Stimme. Da Ben immer noch keine Anstalten machte, ging sie kurz auf ihn zu, überlegte es sich dann aber anders.

»Mach die Tür hinter dir zu! Jetzt!«, rief sie ihm auf dem Weg zur Backstube zu. Sie knallte die Verbindungstür zu und hoffte, dass Ben ihr Schluchzen nicht mehr hörte.

Ausgebrannt sah Ben ihr nach. So hatte er sich das Gespräch nicht vorgestellt. Dass es nicht einfach werden würde, war ihm klar gewesen. Aber er hatte doch alles klar stellen wollen. Vielleicht sogar einen Schritt in Richtung

Versöhnung machen wollen. Und nun war alles noch viel schlimmer. Aufgewühlt rieb er seine Stirn. Was hatte Stine gemeint, dass er hier hätte seinen Mann stehen müssen? Und die neue Familie, tja, das hätte er ihr auch gerne erklärt.

Resigniert ließ Ben die Tür hinter sich ins Schloss fallen. Erst jetzt konnte Stine ihren Gefühlen freien Lauf lassen.

Stine

»Was ist denn hier passiert?« Caro ließ sich völlig geschafft auf Stines Sofa fallen. Anne hatte schon in der anderen Ecke Platz genommen. Von Stine hörten sie nur klappernde Geräusche, die aus der Küche kamen.

»Wenn Stine so auffährt, geht es ihr entweder richtig gut oder sie ist furchtbar wütend«, antwortete Anne nachdenklich.

»Sie sah an der Tür gerade nicht so aus, als ob es ihr super gut geht. Was meinst du? Warum könnte sie wütend sein?« Caro suchte noch nach der bequemsten Sitzposition. Sie hatte einen Fuß unter den Po geklemmt, der andere stand mit angewinkeltem Bein vor ihr.

»Schwiegermutter?« Anne hob fragend die Schultern.

»Du siehst aber auch nicht gerade fit aus«, wurde Caro auf Annes zögerliches Verhalten aufmerksam. Normalerweise würde Anne schon längst im Stile von Sherlock Holmes Forschungen anstellen, was in Stines Leben gerade nicht so rund lief. Stattdessen saß sie zusammengekauert in ihrer Ecke des Sofas und knabberte an einer Salzstange.

Schwungvoll sauste Stine mit einem Tablett ins Wohnzimmer und suchte nach einem freien Platz auf dem Couchtisch. Als sie feststellte, dass es schwierig werden würde, ein ganzes Tablett unterzubringen, nahm sie kurzerhand die Sektgläser, zwei Flaschen im Kühlbehälter und noch einige Dipschälchen und drapierte sie zwischen die ganzen anderen Köstlichkeiten, die sie schon vorbereitet hatte.

»Wer sieht nicht fit aus? Meine Schwiegermutter? Pah ...« Stine ließ sich seufzend in den Sessel fallen. »Das wäre ja mal was ganz Neues!«

»Das wäre allerdings was Neues. Aber das haben wir nicht gemeint.« Caro nahm ein kleines Kissen und stopfte es sich in den Rücken. »Wir fragen uns, warum du wütend bist und ich habe festgestellt, dass Anne fertig aussieht.«

Jetzt sah auch Stine ihre Freundin aufmerksam an. »Hm, stimmt! Was ist los, Hase?«

Wie auf Kommando schossen Anne die Tränen in die Augen. Sie versuchte, sich zu räuspern, aber es kam nur noch ein klägliches Ziepen aus ihrem Hals.

Stine sprang sofort auf und kuschelte sich neben Anne. »Was ist los? Ist was mit Linnea?«

Anne schüttelte den Kopf.

»Du bist unheilbar krank?«, fragte Caro entsetzt.

Wieder verneinte Anne kopfschüttelnd und schluchzend.

»Los, jetzt sag schon«, forderte Stine sie auf.

»Raul ... er«, Annes Körper bebte. »Er hat eine andere!«

»Was?« Wie aus einem Mund schrien Caro und Stine auf. Caro schmiss das Kissen im Rücken von sich und kam auf ihre Füße.

»Das kann nicht sein! Ganz ehrlich, wie kommst du denn darauf? Der vergöttert dich, seit er dich das erste Mal gesehen hat!« Caro stand jetzt direkt vor Anne.

Stine strich Anne über den Arm. »Jetzt erzähl mal, was hat er denn gemacht? Und wer ist die andere?«

»Ich weiß es nicht. Er hat natürlich nichts erzählt. Aber er ist so komisch in letzter Zeit. Kommt spät von der Arbeit oder ist lange bei seinen Basketballkumpels. Und wenn er mal zuhause ist, dann kümmert er sich liebevoll um Linnea, aber mich sieht er nicht.« Anne griff nach dem Taschentuch, was ihr Stine reichte.

»Hm, und wo ist da jetzt die andere Frau? Wie kommst du da drauf?«, fragte Caro skeptisch.

»Na, das liegt doch auf der Hand! Er findet mich nicht mehr anziehend. Was glaubt ihr, wann wir uns das letzte Mal geliebt haben?«, schluchzte Anne wieder stärker.

»Ich glaube, ich will es nicht wissen. Aber das ist natürlich tatsächlich ein Indiz dafür, dass eine andere Frau im Spiel sein könnte«, sagte Caro und nahm wieder in ihrer Sofaecke Platz. Auch Stine fläzte sich wieder in den Sessel.

»Ach Caro, sei nicht immer so direkt. Es könnte auch andere Gründe haben«, gab Stine zu bedenken.

»Ach ja? Raul ist ein Mann! Und ein gut aussehender noch dazu! Also, ich würde meine Hand nicht ins Feuer legen.«

Stine schaute Caro streng an und bedeutete ihr, endlich still zu sein. Anne war schon völlig fleckig im Gesicht.

»Jetzt trinken wir erst mal einen Schluck und dann erzählst du uns, was in den letzten Wochen so losgewesen ist bei euch! Ich glaube nämlich, im Gegensatz zu Caro, nicht daran, dass Raul einfach so einer anderen schöne Augen macht.«

Der Sektkorken knallte und die drei Mädels ließen die Gläser klirren. Die prickelnde Flüssigkeit schien Anne etwas zu entspannen.

»Ich wüsste nicht, was in den letzten Wochen anders gewesen sein soll. Also, außer Rauls Verhalten natürlich«, sagte Anne mit festerer Stimme.

»Hm, und bei dir hat sich auch nichts getan? Hast du mal was Komisches gesagt? Du weißt schon, an manchen Tagen spielen bei uns ja die Hormone verrückt.« Caro nahm einen großen Schluck Sekt und schmeckte ihn genüsslich nach.

»Ich habe nichts Komisches gesagt. Was soll das denn sein?« Anne wischte die letzten Tränen von ihren Wangen.

Ratlos saßen die Freundinnen eine Weile still da.

»Vielleicht sprichst du ihn doch noch mal darauf an«, sagte Stine schließlich. Sie schaute ihre Freundin aufmunternd an.

»Das habe ich zwar schon oft getan, aber was bleibt mir anderes übrig? Nachspionieren wollte ich ihm nicht.« Anne leerte ihr Glas und stellte es auf dem Tisch ab.

»Aber jetzt mal was ganz anderes. Warum warst du heute so überfleißig? Kommt noch jemand? Oder für wen hast du diese Berge an Leckereien gebacken? Was ist das eigentlich alles?«, fragte Anne nun Stine und schaute hungrig über die Platten. In den letzten Tagen war Essen zur Nebensache verkommen. Aber bei Stine war es fast unmöglich, nicht zuzugreifen.

»Ach, nur ein paar Kleinigkeiten: Lachsröllchen, Hühnchen auf Salatbett mit Erdnuss-Soße, Käse-Kräuter-Stangen, Feta-Oliven-Tomaten-Spieße, Zucchiniröllchen, Pflaumen und Datteln im Speckmantel, ein paar Brotchips zum Dippen und die Törtchen, die im Café übrig geblieben waren, zum Nachtisch.«

»Kleinigkeiten?« Caro war Stines Erläuterungen aufmerksam gefolgt. Ihr lief das Wasser im Mund zusammen.

»Na ja, das habe ich doch schon öfter mal gemacht«, antwortete Stine gelassen.

»Ja schon, aber an verschiedenen Tagen«, konterte Anne und schaute Stine besorgt an. »Also? Wer hat dich so geärgert, dass du solchen Elan entwickelst?«

Stine ließ sich extra Zeit zum Befüllen ihres Tellers. Sollte sie ihren Mädels wirklich davon erzählen? Die ließen sich ja doch nicht abspeisen. Und außerdem tat es richtig gut, so liebe Freundinnen zu haben.

»Sag nicht, Arthur hat es sich anders überlegt?«, fragte Caro grinsend. Wohl wissend, dass es dazu niemals kommen würde.

Jetzt war es Stine, die den Kopf schüttelte.

»Also doch deine Schwiegermutter?«, fragte Anne.

Stine holte tief Luft. »Ben!« So, jetzt war es raus. Ihre Freundinnen schauten sie perplex an.

»Oh, ich wusste gar nicht, dass du den Namen überhaupt wieder aussprechen kannst!« Caro füllte bei allen wieder die Gläser.

»Wo hast du ihn denn getroffen?«, wollte Anne wissen.

»Gestern Abend am Strand und heute Mittag im Café«, antwortete Stine und wartete die Reaktionen von Anne und Caro ab.

»Gleich zweimal?« Anne machte große Augen.

»Erzähl!«, forderte Caro sie auf und verknotete sich wieder auf dem Sofa. »Aber nicht wieder anfangen zu zappeln. Einfach ruhig erzählen. Es geht schließlich nur um Ben.«

Nur um Ben, dachte Stine. Caro hatte gut reden. Sie war noch nie so richtig verliebt gewesen in ihrem Leben. Jedenfalls nicht, dass Stine wüsste. Nicht, dass sie es ihrer Freundin nicht gönnen würde, aber die Schmerzen nach Bens Weggang wünschte sie auch niemandem. Dann lieber auf ein paar Wolken tiefer fliegen und die Schmetterlinge weglassen. Von ganz oben abzustürzen tat einfach zu weh. Stine knabberte an ihrer Lippe. Aber eigentlich war das doch auch kein Leben. Schmetterlinge mussten doch sein! Jedenfalls am Anfang. War das so bei ihr und Arthur gewesen? Stine konnte sich nicht wirklich daran erinnern. Vielleicht hatte Ben alle Schmetterlinge mit nach Alaska genommen. Sie schluckte. Wie konnte er nur heute in ihr Café stolzieren? Anfangs hatte sie sich noch gefreut. Und ja, vielleicht war da vor Aufregung der eine oder andere Schmetterling unterwegs gewesen. Aber dann war wieder das alte Gefühl aufgekommen. Das, was sie nie mehr spüren wollte. Stines Atmung beschleunigte sich.

»Ähm? Ist alles in Ordnung?«, frage Anne besorgt. Und auch Caro schaute sie irritiert an.

Stine nahm ihr Glas in die Hand und begann im Zimmer auf und ab zu laufen. Nur nicht zappeln hatte Caro gefordert. Das würde sie jetzt auch probieren.

Sie begann vom gestrigen Abend zu erzählen, als sie am Strand eingeschlafen war und dann plötzlich Ben neben ihr saß. Die ständigen »Ahs« und »Ohs« ihrer Freundinnen brachten sie ganz aus dem Konzept. Aber endlich hatte sie den ersten Teil ihrer Geschichte geschafft.

Caro zog die Stirn in Falten. »Und wo ist jetzt dein Problem? Es war doch klar, dass du ihm mal begegnen würdest, oder?«

»Ich bin ja noch nicht fertig«, seufzte Stine. Anne machte große Augen und forderte sie mit einem Nicken auf fortzufahren.

»Na ja, ich habe mein Handy am Strand verloren ... und das hat er mir heute ins Café gebracht.«

Anne und Caro schauten beide ohne etwas zu sagen auf Stines Rücken. Sie hatte ihre Hände auf die Fensterbank gestützt und sah aus dem Fenster. Allmählich senkte sich die Dunkelheit über die Dächer von Ahrenshoop.

Stine dachte an den Moment, als sie aus der Backstube kam und Ben einfach so an ihrer Verkaufstheke stand. Sie konnte nicht genau sagen, wie die nächsten Minuten abgelaufen waren. Sie wusste noch, dass sie die Törtchen abgestellt und ziemlich wild rumgeputzt hatte. Und dass Ben die ganze Zeit ihr gegenüber gestanden und gelächelt hatte.

Caro räusperte sich und schreckte Stine aus ihren Gedanken.

»Hm, er hat natürlich nicht nur das Handy gebracht, sondern wollte auch mit mir reden.« Sie setzte sich wieder in ihren Sessel und schaute ihre Freundinnen verzweifelt an.

»Ich habe ihn bis mittags zappeln lassen. Und es hat sich so gut angefühlt, als er da saß und mich mit leuchtenden Augen beobachtet hat. Und dann noch die Komplimente, die er mir gemacht hat und was ich mir Tolles aufgebaut hätte und überhaupt. So was hat Arthur noch nie über mein Café gesagt.«

Stine schlug die Hände vors Gesicht und schluchzte.

»Du hast dich wieder in ihn verliebt?«, fragte Anne leise.

»Oder warst nie wirklich über ihn hinweg?«, legte Caro nach.

»Ach, das ist es doch gar nicht!«, jammerte Stine los. »Er hat gesagt, dass es ihm leidtut und dass er damals nicht einfach so hätte abhauen dürfen. Aber kein Wort über seine Familie in Alaska, kein Wort über das, was er mit Jennifer gemacht hat!« Stine hatte sich mittlerweile in Rage geredet und einen Schluckauf bekommen. Sie hielt kurz die Luft an. Aber das dauerte ihr zu lange. »Ist das seine Masche? Sich die Mädels gefügig machen, sie in Sicherheit wiegen und dann abhauen? Das ist doch abartig!« Stine schnappte sich ihr Glas und trank einige Schlucke, auch, um den lästigen Schluckauf loszuwerden.

»Also ich weiß nicht«, sagte Caro vorsichtig. »Ich hätte ihn nicht so eingeschätzt, dass er ein Schuft ist.«

»Hm, aber an Stines Theorie ist was dran. Schau dir Raul an. Wie es aussieht werden alle Männer irgendwann Schweine. Auch die Netten«, murmelte Anne und prostete Stine zu, ohne wirklich eine Reaktion zu erwarten.

»Ach nee, das ist doch Quatsch! Man kann nicht alle über einen Kamm scheren.« Caro beugte sich über den Tisch und ließ ihre Augen über dem Essen kreisen. Zielsicher schnappte sie sich ein Lachsröllchen und stopfte es genüsslich in den Mund.

Stine hob als Erste verwundert den Kopf. Noch immer saß der Schmerz in ihrem Gesicht. Trotzdem machte sie Caros Ton neugierig.

»Hast du uns irgendwas zu sagen?«, fragte sie und wischte sich die letzten Tränen von den Wangen.

»Wieso Caro? Die hat doch ein Händchen für Männer«, antwortete Anne stattdessen. »Also, wenn man die Typen so handhaben will. Scheint ja die Zukunft zu sein.«

Aber Stine ließ sich nicht beirren. Sie lächelte Caro verschmitzt an. »Da ist doch was im Busch, oder?«

Caro putzte sich in aller Seelenruhe die Finger an der Serviette ab, legte sie sorgfältig zusammengefaltet auf den Tisch und griff wieder zu ihrem Sektglas.

»Du brauchst gar nicht so zu schauspielern. Rück raus damit!« Stine pfefferte ihre Serviette quer über den Tisch.

Anne hatte mittlerweile auch Feuer gefangen. »Nee, oder? Sag nicht, dass du hier die Glückliche im Bunde bist!«

Caro seufzte. »So würde ich das jetzt wiederum nicht bezeichnen. Theoretisch ja, aber praktisch habe ich es wohl vermasselt.«

»Och Caro, ehrlich! Was hast du jetzt wieder angestellt?« Anne lehnte sich enttäuscht zurück.

»Wer ist denn der Auserwählte? Und woher? Und seit wann? Erzähl!«, forderte Stine Caro nun schon wieder lächelnd auf.

Eine leichte Röte überzog Caros Gesicht. Grinsend schaute sie auf ihre Hände und begann von Johannes zu erzählen. Erst als sie an ihrem letzten Abend angekommen war, schien ihr wieder bewusst zu werden, dass es in ihrer Hand lag, ihn zurückzuerobern. Das Lächeln wich aus ihrem Gesicht.

»Meint ihr, ich muss mir Sorgen machen? Also, dass er nicht so schnell wieder kommt?«, schloss Caro ihre Erzählung.

»Wenn du Pech hast, kommt er gar nicht mehr wieder«, antwortete Anne. Sie hatte es noch nie verstanden, warum Caro die Männer immer so vergraulte. Johannes schien ja nun wirklich ein anständiger Kerl zu sein.

»Aber warum willst du denn die Reise nicht mit ihm machen? Das war doch schon immer dein Traum?«, fragte Stine irritiert, die noch ganz benommen von Caros Geschichte war.

»Ich konnte eben nicht«, wich Caro Stines Frage aus. »Ist ja auch egal, das wird sich schon wieder einrenken.«

In die lange Stille, in der alle drei Freundinnen ihren Gedanken nachhingen, läuteten die Glocken der Schifferkirche und verrieten, dass es bereits Mitternacht war.

»Das hatten wir auch selten bisher«, begann Anne zaghaft. »Dass es uns allen Dreien nicht gut geht ...« Geknickt schlüpfte sie in ihre Pumps. »Seit nicht sauer, aber Linnea steht mit den Hühnern auf. Und das ist sehr zeitig im Moment. Lasst uns eine Nacht über die ganzen Probleme schlafen, ja?«

Die anderen beiden erhoben sich ebenfalls. Die Müdigkeit war auch ihnen in die Glieder gekrochen.

»Warte mal!« Caro hielt Stine am Arm fest, als sie schon im Flur standen. »Wann holst du denn jetzt dein Brautkleid ab? Meine Mutter wartet schon sehnsüchtig auf deinen Besuch.«

Stine zog die Luft scharf ein. Das Brautkleid! Das hatte sie ja in der Aufregung der letzten Tage ganz vergessen.

»Oh Gott, dann muss ich wohl morgen in Barmstedes Palast. Und das ausgerechnet jetzt, wo Arthur nicht da ist.«

»Na, da haben wir doch schon unser nächstes Date«, kicherte Anne und umarmte Stine herzlich. »Du schaffst das, Süße!«

»Genau! Oder soll ich mitkommen?«, bot Caro an, wohl wissend, dass Stine das sowieso nicht mochte.

»Nee, lasst mal gut sein! Ich muss ihr ja sowieso in nächster Zeit öfter gegenübertreten.«

Lachend schob Stine die beiden Mädels durch die Tür und verschloss sie sorgfältig. Nachdem sie alle Häppchen im Kühlschrank verstaut und die Küche notdürftig gesäubert hatte, schaute sie noch einmal aus dem Fenster. Die Nacht war mild. Unzählige Sterne blinkten am Himmel. Bens Gesicht tauchte vor ihrem inneren Auge auf. Diese vertrauten Züge, die graue Haarsträhne, die er schon von Geburt an hatte, das strahlende Lächeln ... Schnell schloss Stine ihre Augen und wischte sich mit der Hand über das Gesicht. Eigentlich sollte sie Arthur vermissen. Schließlich war er schon einige Zeit in Hamburg und ihn wollte sie in ein paar Tagen heiraten.

Unzufrieden schlüpfte sie in ihr Bett und fiel sofort in einen traumlosen Schlaf.

Anne

Müde rührte Anne am nächsten Morgen in ihrer Teetasse. Die ganze Aufregung, die vielen Häppchen und der Sekt vom Vorabend waren ihr auf den Magen geschlagen. Da half nur Kamillentee.

Linnea saß zu ihren Füßen auf den Holzdielen und versuchte mit Bauklötzchen Türme zu bauen. Anne bewunderte die kindliche Geduld. Sie hätte spätestens nach dem dritten gescheiterten Versuch die bunten Holzklötze in die Ecke gepfeffert. Aber Linnea baute einen Turm nach dem anderen, klatschte freudig in die Hände, wenn drei Steine übereinander standen, und begleitete den Einsturz jedes Mal mit einem lang gezogenen »Buuuum«. Anne lächelte. Sie hörte ganz genau Rauls Tonlage heraus, wenn er mit Linnea spielte. Die beiden waren einfach ein Herz und eine Seele.

Anne seufzte und quälte sich, den nächsten Schluck Tee zu nehmen. Die Türklingel schreckte sie aus ihren Gedanken. Schnell setzte sie die Tasse ab und schob vorsichtig den Stuhl zurück. Linnea war ebenfalls aufgeschreckt und zog sich über den Vierfüßlerstand nach oben. Eilig trippelte sie an Anne vorbei, um als Erste an der Tür zu sein. Da sie noch nicht an die Klinke herankam, hob Anne sie hoch.

Seit Neuestem gab es großes Theater, wenn Anne sich erlaubte, die Tür selbst zu öffnen.

»Stine? Was machst du so früh hier?«, fragte Anne erstaunt, als sie ihre Freundin vor der Tür erblickte.

»Na, da ist ja meine kleine Lebensrettermaus«, antwortete Stine, ohne wirklich auf Annes Frage einzugehen. Dabei kitzelte sie Linnea am Bauch, die sofort zu kreischen begann.

»Lebensrettermaus? Wie das?« Anne öffnete die Tür noch weiter und ließ Stine eintreten.

»Na ja, ich habe mir da was überlegt. Und genau genommen könnte mir das heute das Leben retten.« Stine war auf der Türschwelle stehen geblieben.

»Aha, und das hat mit Linnea zu tun?«, fragte Anne ungläubig.

Stine seufzte. »Du erinnerst dich noch daran, wo ich heute Morgen hingehen sollte?«

Anne nickte.

»Hm, ich habe mir gedacht, dass ihr beide vielleicht mitkommen könntet. Man glaubt es kaum, aber meine zukünftige Schwiegermutter fährt total auf kleine Kinder ab. Vielleicht ist sie dann nicht so ekelig zu mir.«

Anne nickte wieder. Dann schüttelte sie energisch den Kopf. »Bist du dir sicher? Ich habe eher den Eindruck, sie wird zum Schwiegermonster, wenn Kinder sie nerven. Da möchte ich ehrlich gesagt nicht zwischen eure Fronten geraten.«

Stine lachte laut. »Keine Angst, Hase! Vertrau mir einfach. Sie wird Linnea lieben.«

Anne schaute nicht gerade, als wenn sie von Stines Aussage überzeugt wäre. Andererseits hatte sie heute nichts Besonderes vor. Und überhaupt wollte sie schon immer mal einen Blick in die heiligen Hallen der Barmstedes werfen. Also, warum nicht?

Eine halbe Stunde später schritten sie durch das große Tor auf das Anwesen von Arthurs Familie. Stine wischte sich nervös die Hände an ihren hellen Hosen ab. Erschrocken schaute sie nach, dass sie ja keine dunklen Spuren hinterlassen hatte. Sie war heute Morgen extra früh aufgestanden, um ihren Kleiderschrank nach einem passenden Outfit zu durchforsten. Es musste eine gewisse Eleganz haben, aber vor allen Dingen, ihre Figur so betonen, dass sie möglichst schlank erschien. Nach ihrer radikalen Abnehmkur passte die Chinohose perfekt und auch das schwarze Oberteil schmiegte sich vorteilhaft um Brust und Bauch.

Nach dem Läuten dauerte es keine zehn Sekunden, bis die Tür von einer der Bediensteten der Barmstedes geöffnet wurde. Allerdings schloss sie sie gleich wieder, mit der

Begründung bei ihrer Chefin nachzufragen, ob sie denn überhaupt Zeit hätte.

»Na, die sind ja richtig nett hier. Musst du immer erst vor der Tür warten, bis die gnädigen Herrschaften dich einlassen?«, fragte Anne entsetzt.

»Also ehrlich gesagt, ich war hier noch nie alleine. Was meinst du denn, warum ich dich mit hierher geschleppt habe?«, grinste Stine und kniff ihre Freundin leicht in den Arm.

Anne sah Stine die Unsicherheit an. Ausgerechnet Stine geriet an so eine versnobte Familie. Sie, die schon so viel durchgemacht hatte und immer freundlich zu jedermann war. Warum konnte denn Arthur keine normalen Eltern haben. Wenn die beiden mal eine Familie gegründet haben würden, konnte Stine sicher auch Unterstützung gebrauchen, um das Café nicht zu vernachlässigen. Auf ihre zukünftigen Schwiegereltern konnte sie sich bestimmt nicht verlassen. Anne nahm sich jetzt schon vor, Stine voll und ganz zur Seite zu stehen.

Als die Tür endlich wieder geöffnet wurde, führte das elegante Hausmädchen Stine und Anne in einen kleinen Salon. Anne staunte nicht schlecht.

»Hier fühlt man sich ein bisschen in das letzte Jahrhundert versetzt«, flüsterte sie.

Linnea zappelte unruhig auf ihrem Arm. Sie wollte lieber runter und den Raum erkunden. Anne schaute Stine fragend an. Sie traute sich kaum, laut zu sprechen, konnte sie da Linnea herumtippeln und alles anfassen lassen?

In dem Moment trat Frau Barmstede ein. Anne schluckte. Eine eiskalte Aura umgab diese Frau. Sie war gertenschlank, trug ein dunkelblaues Kostüm, das sehr teuer und schick aussah und bei jeder Bewegung klapperten die goldenen Armreifen, die sie am Handgelenk trug. Die dunklen Haare hatte sie streng nach oben gesteckt, was ihr Gesicht noch schmaler aussehen ließ. Die blauen Augen schauten von oben auf Stine herab. Anne glaubte fast, Giftpfeile fliegen zu sehen. Arme Stine!

»Was willst du hier? Du weißt doch sicher, dass Arthur verreist ist«, fragte Frau Barmstede kühl.

Stine lächelte freundlich. »Natürlich weiß ich das. Ich wollte ja auch zu Ihnen.« Kurz zuckte sie mit der rechten Hand, überlegte es sich dann aber anders. Frau Barmstede gab nie die Hand.

»Zu mir?«, fragte sie und zog die Augenbrauen nach oben.

»Darf ich Ihnen meine Freundin und Trauzeugin Anne vorstellen?«

Erst jetzt schaute Frau Barmstede Anne an, so als ob sie vorher Luft gewesen war. Plötzlich fiel ihr Blick auf Linnea, und Anne konnte es kaum glauben. Der kalte Schleier wich für einen kurzen Moment einem zärtlichen Entzücken.

»Und wen haben wir da?«, fragte sie, ohne Anne auch nur eines Blickes zu würdigen.

Anne räusperte sich. Sie wusste nicht recht, wie sie sich verhalten sollte. Sie war fast geneigt, einen Knicks vor der eisernen Lady zu machen.

»Das ist meine Tochter Linnea«, krächzte sie stattdessen.

»Linnea, soso. Was für ein interessanter Name. Woher stammt der?«

»Ähm ... das ist ein skandinavischer Name. Es bedeutet Moosglöckchen, benannt nach einem schwedischen Botaniker«, rasselte Anne herunter.

»Moosglöckchen! Wie entzückend!« Frau Barmstede war näher getreten und nahm jetzt sogar Linneas Hand in ihre. Linnea schaute sie die ganze Zeit mit großen Augen an. Anne hoffte inständig, dass sie sich nicht vor Frau Barmstede fürchtete und gleich in Tränen ausbrach.

»Möchte das Moosglöckchen mal auf meinen Arm kommen?«

Alarmglocken schrillten in Annes Kopf. Nein, das Moosglöckchen möchte nicht auf deinen Arm kommen.

»Ähm, ich weiß nicht ...«

»Na sicher doch, das geht schon«, sagte Frau Barmstede, ohne auf Annes Gestammel zu hören. Mit sicherem Griff nahm sie das Kind auf den Arm und trat mit ihm ans Fenster.

Linnea wagte es kaum, sich zu rühren. Ihre Augen schienen noch größer geworden zu sein. Sie sah sich zu Anne um. Ihr kleiner Mund formte das Wort »Mama«, aber es kam kein Ton heraus.

Der Löwinneninstinkt regte sich in Anne. Schnell trat sie neben Frau Barmstede und legte Linnea beruhigend die Hand auf den Rücken. Dabei sah sie Stine auffordernd an, die die ganze Szenerie mir Argusaugen betrachtete. Ihr schwante nichts Gutes für die Zukunft.

»Frau Barmstede, weswegen ich sie sprechen wollte«, sagte Stine und versuchte souverän zu klingen.

Frau Barmstede ließ sich jedoch nicht aus der Ruhe bringen. Sie erklärte Linnea jede Kleinigkeit, die es im Garten zu sehen gab. Und Linnea hörte aufmerksam zu.

»Also, ich möchte mir das Brautkleid ausleihen. Ich brauche Schuhe und Schmuck. Alles soll zusammenpassen und perfekt aussehen. Und wenn ich ...« Stine hielt inne. Sie hatte viel zu schnell gesprochen. Ihre zukünftige Schwiegermutter schien das aber nicht zu interessieren. Sie dozierte weiter über die üppigen Pflanzen.

Erst nach einer gefühlten Ewigkeit drehte sie sich langsam um und musterte Stine von oben bis unten. Dann huschte ein abwertendes Lächeln über ihre Lippen.

»Perfekt, meine Liebe, wird es sowieso nicht aussehen«, sprach sie und wandte sich wieder ab.

Stine kochte vor Wut. Was bildete sich diese Frau bloß ein? Wie konnte sie nur so blöd sein und nach dem Kleid fragen. Sie hätte sich einfach ein anderes kaufen sollen. Dann konnte ja Frau Hochnäsig in der Kirche ihre Häme rauslassen, das war ihr auch schon egal. Wenn sie erst verheiratet waren, würden Arthur und sie sowieso in einer gemeinsamen Wohnung wohnen, weit weg von diesem Drachen hier.

Frau Barmstede schien das Interesse an Linnea verloren zu haben. Ohne Vorwarnung drückte sie das Kind in Annes Arm und ging mit großen Schritten und klimpernden Armreifen zur Tür. Mit der Klinke in der Hand schaute sie Stine über die Schulter hinweg an. »Geh zu Fanny, die kann dir das Kleid aushändigen. Aber sieh zu, dass es in genau diesem Zustand auch wieder hierher zurückkommt!« Sie öffnete die Tür und verschwand.

Anne schnaufte tief durch.

Als sie endlich wieder im Freien waren, gingen die beiden Frauen ohne ein Wort nebeneinander her. Der letzte Eindruck von Stines zukünftiger Schwiegermutter hatte beunruhigende Spuren hinterlassen. Anne schob nachdenklich den Buggy vor sich her.

»Oh Gott, ich weiß gar nicht, was ich sagen soll. Ganz ehrlich, wenn die Hochzeit nicht vor der Tür stehen würde ...« Sie ließ das Ende ihres Gedankens offen.

Stine nickte. Sie trug das Hochzeitskleid in einer Hülle über ihren Arm gelegt. Hoffentlich knitterte es nicht zu sehr. Ihr tat schon jetzt die Schulter weh, weil sie versuchte, ihren Arm nicht zu bewegen. Steif hielt sie ihn vom Körper weg. Das fühlte sich alles nicht gut an. Dieses Kleid drückte ihr symbolisch auf die Seele. Stine konnte kaum noch atmen.

»Wollen wir uns kurz hier hinsetzen?«, fragte Anne besorgt. Die rettende Bank stand unter einem großen Kastanienbaum.

Stine nickte. So schwach hatte sie sich schon lange nicht mehr gefühlt. Umständlich ließ sie sich auf der Bank nieder, den Arm mit dem Kleid immer noch weit ausgestreckt. Anne nahm ihr das Kleid vorsichtig ab und legte es über den Buggy. Linnea war mittlerweile eingeschlafen, sodass ein bisschen Zeit zum Resümieren blieb.

»Was mach‘ ich denn jetzt bloß? Ich habe das Gefühl, dass ich im falschen Film bin«, seufzte Stine und stützte ihren Kopf in die Hände.

Anne streichelte über ihren Rücken. Sie war selbst völlig ratlos und konnte Stines Verzweiflung gut nachvollziehen. Einerseits wünschte sie sich, dass Caro jetzt da wäre. Sie hatte immer so praktische Tipps für alle Lebenslagen. Andererseits konnte sich Anne gut vorstellen, wie Caros Rat in diesem Fall lauten würde. Finger weg von dieser Familie! Aber dann müsste sich Stine von Arthur trennen. Und das wollte Anne ihrer Freundin nun wirklich nicht raten.

»Warte doch einfach ab, bis Arthur wieder da ist. Bis dahin lässt du das Kleid ändern und er kann es seiner Mutter zurückbringen.«

Anne spürte selbst, wie wenig Trost ihre Worte spendeten. Aber sie hatte keine bessere Idee.

Stine schaute auf die Uhr. »Mist, ich muss in einer halben Stunde das Café aufmachen.« Sie wischte sich mit beiden Händen über die Augen und verteilte versehentlich die Wimperntusche.

Anne grinste. Das war auch so typisch für Stine. Sympathisch, praktisch, gut. Wenn Anne ihr jetzt kein Feuchttuch nebst Spiegel vorhalten würde, würde sie wahrscheinlich den ganzen Tag so rumlaufen. Aber genau dafür mochte Anne Stine so sehr. Sie war kein oberflächlicher Mensch, ihr waren die ehrlichen Dinge wichtig.

»Du kannst mir das Kleid auch mitgeben«, sagte Anne, als sie sich wieder auf den Weg gemacht hatten. »Dann kannst du von hier aus ins Café gehen.«

Gerade hatte Stine die Kleiderhülle von ihrem steifen Arm gleiten lassen und auf Annes Buggy drapiert, als ihnen Ben entgegenkam.

Anne sah, wie Stines Gesichtsfarbe von Rot auf Weiß und zurück wechselte. Ein leiser Seufzer entwich Stines Lippen, dann schaute sie sich hektisch nach rechts und links um. Da sie aber mittlerweile wieder mitten im Ort angekommen waren, blieben nur wenig Fluchtmöglichkeiten.

»Du willst jetzt nicht vor ihm weglaufen, oder?«, fragte Anne leicht amüsiert über Stines Erregung. Also lagen sie doch richtig mit ihrer Vermutung, dass da noch viele Gefühle im Spiel waren. Allerdings hatte Stines Gesichtsfarbe gerade wieder auf Rot gewechselt und scheinbar ihr Gemütszustand ebenso.

Stine riss das Kleid vom Buggy und drückte es an ihre Brust. Es sah aus, als würde sie sich ein Schutzschild davor halten.

Ben war mit einem zaghaften Lächeln auf sie zugetreten.

»Hallo Anne, lange nicht gesehen!« Er machte eine linkische Bewegung auf Anne zu, so als wollte er sie umarmen, traue sich aber nicht.

Anne entspannte die Situation, indem sie ihn einfach kurz drückte. »Hallo Ben! Schön, dich mal wiederzusehen. Wie geht es dir?«

Für diese Frage hätte sie sich ohrfeigen können. Sie konnte genau sehen, dass es Ben nicht gut ging. Er sah müde und traurig aus. Ob das wegen Stine war? Oder ging es seinem Vater schlechter?

Ben reagierte nicht auf ihre Frage. Er schaute vorsichtig zu Stine, die stocksteif hinter dem Buggy stand und das Kleid immer fester an sich drückte.

»Hallo Stine ...« Diesmal machte Ben keine Anstalten, sich zu ihr zu beugen.

Als Stine nur mit einem Nicken reagierte, atmete Ben tief ein und aus. Anne spürte genau, dass er irgendetwas sagen wollte, aber nicht wusste, was. Sie wollte ihm so gern aus dieser ungemütlichen Situation helfen.

In diesem Moment schnatterte Linnea, die von ihrem Kurzschlaf aufgewacht war, los. Ben lächelte liebevoll und ging vor Linnea in die Hocke. »Und wen haben wir hier? Dich kenne ich noch nicht«, sagte er und kitzelte Linnea am Fuß.

»Kannst du auch nicht kennen! Du warst ja in Alaska«, stieß Stine bissig hervor und schlug sich gleich darauf mit der Hand auf den Mund.

»Das ist meine Tochter Linnea«, antwortete Anne schnell. »Sie wird bald zwei.«

»Hallo Linnea, da hast du aber großes Glück, so eine tolle Mama bekommen zu haben, was?«

Linnea schaute Ben ganz verzaubert an und quiekte, als er wieder ihren Fuß kitzelte.

»Und die Mama hat erst Glück mit ihrem Töchterchen«, sagte Anne stolz.

»Das hast du ganz sicher. Ich freu mich für dich!« Ben war aufgestanden und wagte wieder einen Blick in Stines Richtung. Dabei streiften seine Augen neugierig die Kleiderhülle.

Stine stand immer noch wie angewurzelt da und brachte keinen Ton heraus. Als sie Bens Blick spürte, drückte sie das Kleid noch fester an sich. Anne war sich sicher, dass es jetzt völlig zerknittert sein würde.

»Ähm Ben, war schön, dich mal wieder gesehen zu haben. Wir müssen weiter, stimmt's, Stine? Dein Café solltest du in 10 Minuten öffnen.« Anne knuffte Stine in die Seite.

Endlich regte sich wieder etwas in ihrer Freundin.

»Ja, das Café. Ich muss los.« Mit dieser Bemerkung ließ sie die beiden stehen und machte sich auf den Weg.

Anne nickte Ben schnell zu und beeilte sich, Stine wieder einzuholen.

»Sag mal, was war denn das?«, fragte sie japsend, als sie neben ihrer Freundin lief. Der Buggy grub sich immer wieder in den sandigen Weg, der hinauf zum Café führte.

»Weiß ich nicht«, antwortete Stine kurz.

Endlich beim Café angekommen, blieb Stine an der Tür stehen. »Ich bin so blöd, Anne. Warum kann ich mich in seiner Gegenwart nicht wie ein normaler Mensch benehmen?« Sie legte ihren Kopf auf Annes Schulter.

»Na ja, die Gründe waren dir anzusehen. Aber jetzt mal was anderes«, sagte Anne, dabei Stines Kopf tätschelnd. »Weiß Ben eigentlich, dass du in ein paar Tagen heiraten wirst?«

Stine stöhnte. Sie drückte Anne das Kleid in die Hand, schüttelte den Kopf und eilte zur Cafétür hinein.

Ben

»Ich kann Ihnen leider nicht mehr dazu sagen. Wir müssen abwarten, wie Ihr Vater auf die neuen Medikamente reagiert.«

Ben nickte dem Arzt kurz dankend zu, als dieser wieder anderen Pflichten nachgehen musste. Er nahm die Hand seines Vaters und drückte sie leicht.

Das schlechte Gewissen seinen Eltern gegenüber plagte Ben schon seit seinem Weggang nach Alaska. Damals hatte er noch vorgehabt, nach einiger Zeit zurückzukehren. Aber dann waren die Umstände anders gewesen. Und er hatte den Absprung nicht mehr geschafft. Erst jetzt, wo es seinem Vater schlechter ging, konnte er über seinen Schatten springen. Er hatte genau gewusst, wenn er Stine wieder sehen würde, wären auch die Gefühle direkt wieder da. Und so war es ja dann auch gekommen.

Ben strich die Bettdecke, die den hageren Körper seines Vaters bedeckte, glatt. Er hatte das Gefühl, dass sein Vater in den letzten Jahren viel zu schnell gealtert war. Vielleicht hätte er das verhindern können, wenn er dageblieben wäre. Die Arbeit in dem Fischladen war sicher kein wirklicher Knochenjob, aber als Kleinunternehmer war sein Vater immer auf Achse gewesen. Hatte Kontakte zu den Fischern geknüpft, mit der Bäckerei wegen der Brötchen verhandelt, die Kunden bei Laune gehalten und manchmal hatte er sich kurz vor Feierabend mit seinem Schifferklavier vor den Laden gesetzt und ein Ständchen gegeben. Das sprach sich rum. Durch seinen Ideenreichtum und die Art, mit Lieferanten oder Kunden zu klönen und durch die freundliche Art seiner Mutter, die hinter der Theke bediente, war der Laden zu einer festen Institution in Ahrenshoop geworden. Von Montag bis Samstag durchgehend geöffnet, damit auch die Angestellten der Restaurants, Cafés oder Büros ihre Mittagspause bei köstlichem Meeresschmaus verbringen konnten. Am Sonntag wurde dann geputzt. So hatte es Ben noch in Erinnerung und das hatte sich auch bis heute nicht geändert.

Und jetzt lag sein Vater im Krankenhaus und damit fehlte die gute Seele im Laden. Seiner Mutter fiel es schwer, die Traurigkeit zu überspielen. Aber sie hielt tapfer durch. Und Ben tat sein Bestes, um sie zu unterstützen.

Immer wieder war er während der Arbeit in Gedanken in Alaska. Im Grunde unterschieden sich seine Jobs dort kaum von seinen Tätigkeiten hier. Er war auch hier viel draußen, suchte früh am Morgen die besten Fische bei den Fischern aus, die schon nachts unterwegs gewesen waren. Anschließend fuhr er zur Bäckerei und holte die Brötchen, dann noch im kleinen Hofladen vorbei, um Salat, Tomaten und Gurken zu ordern. Bei jedem hielt er ein Schwätzchen, schließlich wollten alle wissen, wie es seinem Vater ging.

Wenn er dann in den Laden kam, wartete seine Mutter schon darauf, die belegten Fischbrötchen zuzubereiten.

Bens Frühstück stand bereit, der Kaffee dampfte aus der alten Kanne und das hart gekochte Ei wartete unter einem selbstgehäkelten Eierwärmer auf ihn. Diese Minuten mit seiner Mutter genoss Ben besonders. Die Gespräche drehten sich meist um belanglose Dinge, denn über tiefgründige zu sprechen, das mochten seine Eltern nicht. Auch aus dem Dorfklatsch hielten sie sich raus. Deshalb erschien es Ben auch zwecklos, seine Mutter auf Jennifer anzusprechen. Entweder sie wusste sowieso nichts oder sie würde nicht darüber reden und ablenken.

Allmählich zeigte das Licht am Horizont an, dass der Abend näher rückte. Da sein Vater noch immer schlief, stand Ben leise auf, drückte ihm einen Kuss auf die Stirn und verließ geräuschlos das Zimmer.

Unschlüssig ging er durch den kleinen Park, der direkt an das Krankenhaus angrenzte. Er konnte Stines Äußerung über Jennifer und seine Verantwortung nicht vergessen. Ihr Gesichtsausdruck dabei war so verletzlich gewesen. Am liebsten hätte er sie in den Arm genommen und fest gedrückt.

Als Ben wieder in Ahrenshoop angekommen war, konnte er noch nicht gleich ins Haus. Zu viele Gedanken wirbelten ihm durch den Kopf. Langsam schlenderte er durch den Ort, bis er an Jennifers früherem Zuhause angekommen war. Ob sie wohl immer noch dort wohnte? Groß genug wäre es ja für zwei Familien. Unauffällig schaute er am Briefkasten nach. Und tatsächlich, dort standen zwei verschiedene Familiennamen.

Einem inneren Instinkt folgend öffnete er die kleine Gartentür und legte den Weg bis zur Haustür zügig zurück. Wenn er davon ausging, dass Jennifer geheiratet hatte und nicht mehr ihren Mädchennamen trug, bestand die Möglichkeit, dass sie ihm die Tür öffnen würde, wenn er die Klingel mit dem anderen Namen drückte. Und was, wenn ihr Ehemann aufmachte? Oder jemand ganz anderes? Er schaute sich noch einmal um. Es stand kein Auto in der Einfahrt und auch nicht am Straßenrand. Vielleicht war ja auch niemand zuhause.

Bevor er es sich wieder anders überlegen konnte, drückte Ben den Klingelknopf. Ein lautes Schrillen durchbrach die Stille. Bens Herzschlag setzte für einen Moment aus. Er hatte nicht vorgehabt, die ganze Nachbarschaft aufmerksam zu machen. Vorsichtig schaute er sich um. Aber nichts rührte sich. Auch in der Wohnung von Jennifers Eltern konnte er keine Bewegung feststellen.

Als Ben schon fast wieder gehen wollte, hörte er plötzlich Schritte hinter der Tür.

»Du bist aber heute überpünktlich«, trällerte Jennifer beim Öffnen der Tür. Ihr fröhliches Gesicht tauchte im

Türrahmen auf, veränderte sich aber sofort, als sie sah, wer vor ihr stand.

»Was machst du hier?«, fragte sie nun nicht mehr freundlich. Sie trat einen Schritt auf den Treppenabsatz nach vorn und machte die Tür fast ganz zu, als ob sie etwas dahinter zu verbergen hatte.

»Ich muss mit dir reden!«, antwortete Ben.

»Ich wüsste nicht, worüber wir reden sollten«, sagte Jennifer barsch und schaute sich mit zusammengezogenen Augenbrauen um. »Mein Mann kommt gleich, um mich abzuholen. Es wäre besser, du würdest ihm nicht begegnen.«

»Aber warum, Jennifer? Was ist los? Alle Welt schaut mich komisch an und selbst Stine meint, ich würde mich vor der Verantwortung drücken. Welche Verantwortung?« Verzweifelt trat Ben einen Schritt auf Jennifer zu und legte seine Hand auf ihre Schulter.

Erschrocken zuckte Jennifer zurück. »Lass mich los! Oder noch besser: Lass mich einfach in Ruhe und verschwinde wieder nach Alaska. Alles war gut, bis du wieder aufgetaucht bist. Hier braucht dich niemand!« Jennifers Stimme überschlug sich bei den letzten Worten. Sie schüttelte Bens Hand ab und flüchtete in den Hausflur.

»Was ist denn hier los? Verschwinde von unserem Grundstück! Und lass meine Frau los!«

In der Aufregung hatten beide das Auto nicht kommen hören. Heiner war mit großen Schritten bei Jennifer und nahm sie zärtlich in den Arm.

»Ist alles in Ordnung, mein Liebling?«, fragte er sie.

Verlegen lächelte Jennifer. »Ja, ist schon gut. Er hat mir nichts getan.« Sie schmiegte sich an Heiner. »Aber ich wüsste auch nicht, was ich mit ihm besprechen sollte. Bitte lass uns gehen!«

Wieder drehte sich Heiner Ben zu. »Du hast es gehört! Sie will nicht mit dir reden! Und für einen Babybesuch ist es jetzt auch ein bisschen zu spät!«

Jennifer gefror das Blut in den Adern. Jegliche Farbe war plötzlich aus ihrem Gesicht gewichen.

»Babybesuch? Wieso? Ich ...«, brach Ben ab. Alles drehte sich in seinem Kopf.

»Ach, jetzt tu doch nicht so! Erst die Frau hier schwängern und dann einfach nach Alaska abhauen. Weißt du, wie mies es Jennifer damals ging? Und wie ich gerade gehört habe, hat deine Stine ganz recht, wenn sie von Verantwortungslosigkeit spricht.«

Heiner schnaufte, um die aufgestaute Wut loszuwerden.

»Apropos Stine, auch da kommst du wohl ein bisschen zu spät. Die wird am Samstag heiraten! Aber das wusstest du ja sicher schon, oder?«

Waren Bens Gedanken bisher durch seinen Kopf gewirbelt, so fegte jetzt ein Orkan hindurch. Stine würde heiraten? Aber wen denn? Stimmt, irgendjemand hatte von einem Freund erzählt. Aber der war doch nie in ihrer Nähe aufgetaucht, sodass er schon dachte, dass es ihn nicht gebe. Und warum hatte denn niemand erwähnt, dass sie heiraten wollten? Und das schon am Samstag!

Er schüttelte heftig den Kopf, so als ob er damit alles nichtig machen konnte. Er hatte ein Kind? Von Jennifer? Entstanden in einer Nacht, die nie hätte passieren dürfen! Das durfte doch alles nicht wahr sein!

Als Ben wieder aufsah, schrak Jennifer zurück. Kurzatmig machte sie den Anschein, als wollte sie auf ihn zugehen. Im letzten Moment entschied sie sich jedoch anders.

Schnell nahm sie ihre Tasche von der Anrichte und zog Heiner mit nach draußen. Heiner schloss die Tür und beide stürmten an Ben vorbei. Das Motorengeräusch des wegfahrenden Autos hörte Ben nicht mehr.

Er wusste nicht, wie lange er vor der geschlossenen Tür gestanden hatte. Als er wieder zu sich kam, war es bereits dunkel. Im Licht der Straßenlaterne schaute er in sein eingefallenes Gesicht, das er gespiegelt im Glas der Haustür selbst kaum erkannte. Was hatte er nur alles falsch gemacht in seinem Leben! Seine Traumfrau würde einen anderen heiraten, weil er damals zu feige gewesen war und lieber

Reißaus genommen hatte. Und das Kind, von dem er nichts wusste, wuchs bei einem anderen Mann auf.

Langsam drehte er sich um und schlurfte nach Hause.

Arthur

»Noch einen!« Arthur schob mühsam das Glas über den Tresen. Nachdem sich seine Kollegen verabschiedet hatten, konnte er noch nicht auf sein Zimmer gehen. Die leise Musik und das Gemurmel der anderen Gäste in der Hotelbar lullten ihn zwar ein und machten seinen Körper träge, aber die Gespräche der letzten Stunden ließen sein Gehirn auf Hochtouren laufen. Trotz der vielen Drinks, die sie zu sich genommen hatten, konnte er sich noch an jedes einzelne Wort erinnern.

Er drehte das Glas mit der braunen Flüssigkeit in seinen Händen hin und her. Immer wieder ließen die Lichter der Barbeleuchtung das Getränk in verschiedenen Schattierungen schimmern.

Genau wie mein Leben, dachte Arthur. Ein Einheitsbrei mit aufflackernden Lichtpunkten. Er stellte sich vor, dass dies die schönen Momente mit Stine waren. Die weniger leuchtenden Punkte waren seine Arbeit. Und natürlich seine Familie. Denn so sehr ihn auch manchmal das alles nervte, er liebte seine Arbeit. Und er liebte auch seine Familie. Wenn er doch wenigstens ein bisschen sich selbst einbringen könnte. Oft hatte er das Gefühl, das Leben eines anderen zu führen. Es war nichts schlecht, aber er fand sich nicht darin. Er fühlte sich gefangen, so wie die Flüssigkeit im Glas.

In diesem Moment schwappte eine kleine Menge über den Rand hinaus. Ausbrechen! Allem den Rücken kehren und mit Stine eine Zukunft aufbauen. Woanders. In den USA!

Wie oft hatte er diese Gedanken in Träume verwandelt. Und wie oft war er mit den Träumen genau an dieser Stelle hängen geblieben. Stine in den USA ... Das war unvorstellbar. Und das würde er ihr nie antun. Andererseits hatte er sie auch noch nie danach gefragt. Was, wenn sie sich auch eine Auszeit wünschte? Es musste ja nicht für immer sein. Wenigstens ein paar Jahre lang andere Luft schnuppern, den Horizont erweitern, neue Leute kennenlernen.

Aufregung machte sich in Arthur breit. Er kippte seinen Drink hinunter und ließ sich vom Barhocker gleiten. Schnell gab er dem Barkeeper seine Zimmernummer zum Anschreiben durch und machte sich auf den Weg in sein Zimmer. Der Boden unter ihm schien nicht mehr so stabil zu sein. Sicherheitshalber fuhr er mit der Hand an der Wand entlang, als er den langen Flur überwand.

Im Zimmer angekommen entledigte er sich seiner Kleidung und schlüpfte unter die Bettdecke. Voller Vorfreude auf das Gespräch mit Stine nahm er sein Handy zur Hand. Erst jetzt schaute er auf die Uhr. Es war bereits nach Mitternacht. Enttäuscht ließ er das Handy wieder sinken. Jetzt schlief Stine natürlich tief und fest und er wollte sie nicht aus ihrem verdienten Schlaf holen. Kurz kontrollierte er noch einmal seine Nachrichten. Vielleicht hatte sie ihm einen Gute-Nacht-Gruß geschickt, aber es waren keinen neuen Nachrichten eingegangen. Ein kleiner Stich durchzog seinen Körper. Irgendetwas stimmte mit Stine nicht. Ihre Fröhlichkeit wirkte aufgesetzt. Sie telefonierten zwar täglich miteinander, aber es drehte sich immer um ihrer beider Geschäfte oder um die Hochzeit. Auch die Liebesbekundungen schienen Stine nicht mehr so leicht über die Lippen zu gehen. War das wirklich nur der Stress um die Hochzeit und die damit verbundenen Veränderungen? Ahnte Stine etwas von den Umbaumaßnahmen seiner Mutter und ihrem zukünftigen Domizil? Arthur hatte es bisher vermieden, über das Wohnungsthema zu sprechen. Und er war froh, dass Stine ihn nicht mehr darauf angesprochen hatte. Jetzt kam es ihm allerdings seltsam vor. Was, wenn sie es schon wusste und sich überlegte, wie sie die Hochzeit abblasen konnte?

Arthur schüttelte den Kopf und schob die miesen Gedanken beiseite. Das war doch Quatsch. Er kannte seine Stine. So etwas würde sie ihm nie antun.

Er legte sich auf den Rücken und schob die Hände unter den Kopf. Morgen würde er endlich wieder die Heimreise antreten können. Dann war immer noch eine Woche Zeit, Stine ihr neues Zuhause schmackhaft zu machen. Ein Lächeln huschte über sein Gesicht. Er freute sich, seine zukünftige Frau endlich wieder in den Arm nehmen zu können. Und dann würde er sie nie wieder verlassen. Außer für ein paar Dienstreisen vielleicht. Oder eben für die Reisen nach New York, Los Angeles, San Francisco ... Er drehte sich zufrieden auf die Seite und träumte sich mit den Vorschlägen seiner amerikanischen Geschäftskollegen, die sie ihm am Abend unterbreitet hatten, weit weg übers Meer.

Stine

»Also, Stine! Du siehst so toll aus! Ich weiß gar nicht, was du gegen das Kleid hast! Vielleicht ein bisschen pompös, aber es steht dir fantastisch!« Caros Mutter klatschte vor Entzücken in die Hände.

Zweifelnd drehte sich Stine vor dem Spiegel hin und her. Sie konnte es nicht fassen, dass sie es geschafft hatten, die lange Knopfreihe am Rücken des Kleides zu schließen. Wo waren ihre Pfunde hin? Anscheinend hatte sie trotz gutem Essen in den letzten Wochen nicht mehr zugenommen, sondern ihr Gewicht nach ihrer Hungerattacke halten können. Und das reichte wohl aus, um sich in das verhasste Brautkleid zu pressen.

Für Stine war es eindeutig zu üppig. Trotzdem hatte es Stil. Wenn sie ihre wilden Locken hochsteckte und ein paar Strähnen herausfallen ließ, konnte ihr Dekolleté durch die bestickte, herzförmige Korsage fantastisch zur Geltung kommen. Eine schmale Taille hatte sie ja zur Zeit. Wenn nur dieser ausladende Rock nicht wäre. Unmengen von Tüll als untere Lagen und darauf ein Traum aus champagnerfarbenen Rosen, die den Oberrock seitlich etwas nach oben rafften. Natürlich mit langer Schleppe und einen ebenso langen Schleier gab es auch. Alles in allem wunderschön und trotzdem nichts für sie.

»Aber es drückt«, flüsterte Stine. Sie hatte Tränen in den Augen.

Anne eilte an ihre Seite. Auch sie hatte ihre Freundin mit leuchtenden Augen betrachtet. »Das Kleid ist wirklich eine Augenweide! Wo drückt es denn?«

»Wohl eher aufs Gemüt, oder?«, antwortete Caro an Stines Stelle und hatte mal wieder den Nagel auf den Kopf getroffen.

Stine konnte ihre Tränen nicht mehr aufhalten. Schnell öffnete Anne das Kleid am Rücken und ließ sie frei. Stine schlüpfte schluchzend in ihre Klamotten und ließ sich neben Caro auf das Sofa fallen. Ihr ganzer Körper bebte, als sie die Hände vor das Gesicht schlug.

Caro streichelte Stines Rücken und bedeutete den anderen beiden Frauen, sie ausweinen zu lassen.

»Magst du uns erzählen, was los ist?«, fragte sie, nachdem sich Stine allmählich beruhigt hatte.

»Alles«, antwortete Stine und verwischte mit der Hand die Wimperntusche.

Wie so oft reichte ihr Anne ein Tuch und nickte ihr aufmunternd zu. »Lass es mal raus, Süße! Dann geht es dir bestimmt schon besser!«

Stine tupfte sich die schwarzen Spuren unter den Augen ab und schnäuzte kräftig in das Taschentuch. Noch einmal seufzte sie herzzerreißend.

»Arthur ist wieder da«, begann sie zögerlich.

»Das sollte er auch, schließlich heiratet ihr in 6 Tagen«, fiel Caros Mutter skeptisch ein. Schon als sie noch Kinder waren, hatten sie manchmal zu viert in ihrem Wohnzimmer gesessen und über Probleme gesprochen.

»Ja, das ist ja auch schön. So meinte ich das gar nicht.« Stine schaute endlich auf. Sie musste sich jetzt zusammenreißen. Einerseits wollte sie vieles loswerden, andererseits durfte sie die Hochzeit damit nicht aufs Spiel setzen. Konnte sie wirklich erzählen, dass kein einziger Schmetterling mehr flatterte, wenn Arthur sie in den Arm nahm. Es fühlte sich gut an. Vertraut eben. Vielleicht war das ja die bessere Basis für ein gemeinsames Leben. Arthur liebte sie und das sollte doch zählen. Aber da war auf der anderen Seite Ben, der so plötzlich wieder in ihr Leben gestolpert war. Und bei dem ganz viele Schmetterlinge flatterten, sobald sie an ihn dachte oder er vor ihr stand. Das war zum Verrückwerden. Nein, das konnte sie niemandem erzählen. Schließlich schien Ben nicht der zu sein, für den sie ihn hielt. Und außerdem war er vergeben.

»Ich weiß nicht, ich habe das Gefühl, mir wächst das alles über den Kopf. Diese ganze Vorbereitung: Tischschmuck, Platzkarten für über 100 Leute, das Essen, die ganze Zeremonie an sich und dann immer alles mit Arthurs Mutter besprechen. Und im Café läuft es natürlich auch auf

Hochtouren. Schließlich haben wir Sommerferien. Wie konnte ich auf die Idee kommen, im Juli zu heiraten!«

Stine saß zusammengesackt auf dem Sofa und stierte vor sich hin. Wieder war es Caro, die die ersten Worte fand.

»Ich dachte, dieser ganze Organisationskram ist schon längst erledigt. Außerdem hast du doch wohl nicht viel dabei zu sagen, oder? Du kennst doch die meisten Leute gar nicht, also kannst du auch keine Plätze vergeben.« Caro hielt kurz inne und schaute Stine mit schief gelegtem Kopf an. »Ich habe irgendwie das Gefühl, das genau sind nicht die Gründe, weswegen du hier wie ein armer Tropf rumhängst. Magst du uns die Wahrheit sagen?«

Stine seufzte. Sie wollte ja die Wahrheit sagen, aber das wäre Arthur gegenüber unfair. Sie konnte doch jetzt nicht die Hochzeit absagen. Vielleicht war es ja auch ganz normal, dass man vor so einem einschneidenden Erlebnis Bammel bekam. Das konnte es sein. Und diese Probe galt es noch zu bestehen, dann würden sie glücklich miteinander leben.

Je mehr Stine darüber nachdachte, um so sicherer war sie sich, dass es genau so kommen würde. Trotzdem blieb noch diese riesige, durchgeplante Feier. Und die machte ihr Bauchschmerzen.

»Mir hätte eine Feier mit Arthur, euch beiden und seinem Freund Klaas gereicht. Ich bin einfach nicht dafür geschaffen, um vor so vielen Leuten im Mittelpunkt zu stehen«, präsentierte sie ihren Freundinnen jetzt.

Skeptisch schaute Caro Stine an. »Na dann hättest du den Bäckersohn vom Eckladen nehmen sollen und keinen Barmstede. Der würde sowieso viel besser zu dir passen. Also, rein beruflich gesehen«, grinste Caro.

Stine schaute abrupt auf und fing an zu lachen. »Den Hannes? Nein danke, so viel Text an einem Tag schaffe ich nicht zu verarbeiten.«

Die Freundinnen brachen in schallendes Gelächter aus. Und auch Caros Mutter konnte sich das Grinsen nicht verkneifen.

»Oh, ihr gemeinen Hühner! Der Hannes ist wirklich nett«, sagte sie immer noch schmunzelnd. »Ich lass euch dann mal alleine. Stine, mein Schatz, das Kleid ist zwar eng, aber ich glaube, du kannst es so tragen. Falls die Knöpfe am Rücken doch abplatzen sollten, ich halte mir den Samstag frei.« Mit einem Augenzwinkern verließ sie den Raum.

Als sie sich wieder beruhigt hatten, wandte sich Stine an Anne.

»Wie geht es dir und Raul denn mittlerweile? Habt ihr noch mal miteinander gesprochen?«

Anne schüttelte den Kopf. »Er war gestern den ganzen Tag beim Training und kam erst spät abends zurück. Und heute hat er ein megawichtiges Spiel. Wie fast jedes Wochenende mittlerweile. Eigentlich war mal was anderes ausgemacht. Dass er solche Spiele nur ab und an wahrnehmen würde. Aber was ist schon normal im Moment.«

Traurig schaute sie aus dem Fenster.

»Und bei dir? Hat sich Johannes noch mal gemeldet?«, fragte Stine jetzt in Caros Richtung.

Als Caro verneinte, war die Stimmung am Tiefpunkt angelangt.

»Oh weh, so mies ging es uns schon lange nicht mehr. Und das allen gleichzeitig«, seufzte Anne.

Wieder saßen sie eine Weile schweigend beieinander. Jede hing ihren Gedanken nach.

»Was ich euch noch sagen wollte«, begann Stine schließlich zögerlich. »Wenn schon die Hochzeit nicht nach meinem Geschmack wird, könnten wir doch wenigstens den Junggesellinnenabschied so machen, wie ich ihn mir wünsche, oder?«

Anne schlug die Hand vor den Mund. »Ach Gott, den hatte ich ja ganz vergessen.« Sie schaute zu Caro, die ebenfalls ertappt dreinschaute.

»Na, dann ist ja alles prima!«, strahlte Stine ihre Freundinnen an. »Ich wünsche mir zum einen eine gemütliche Runde mit euch beiden! Und zum anderen möchte ich bis dahin zwei glückliche Mädels an meiner Seite haben. Also, strengt euch an! Caro, du rufst Johannes an. Oder noch besser: Du fährst zu ihm hin und gestehst ihm deine Gefühle. Und dann wird die Weltreise geplant!«

Stine drehte sich zu Anne. »Und du, meine Liebe, schnappst dir deinen supersüßen Raul und redest mal mit ihm! Ich habe das Gefühl, dass hier ein großes Missverständnis im Spiel ist.«

Caro und Anne grinsten verlegen. Stine war sich nicht sicher, ob die Probleme wirklich so einfach zu beheben waren. Aber wenn man sie gar nicht anging, würde keine wieder glücklich werden. Und sie selbst? Ab jetzt würde sie sich jegliche Gedanken an Ben verbieten und sich voll und ganz auf die Hochzeit mit Arthur konzentrieren.

»Und ich heirate am Samstag und habe die fröhlichsten Brautjungfern an meiner Seite«, sagte sie schließlich glucksend.

»Oh Stine, du weißt, wie sehr wir diesen Ausdruck hassen. Brautjungfern! Ahhh ...«, schrie Caro in die Runde und schon flogen die ersten Sofakissen.

Caro

Verschlafen schaute sich Caro um und seufzte. Allmählich wurde es zu einem täglichen Ritual, dass sie nachmittags auf der Couch einschlief.

Zögerlich setzte sie sich auf und angelte nach ihrer Kaffeetasse. Sie nahm einen großen Schluck zum Wachwerden und verzog das Gesicht. Kalter Kaffee schmeckte widerlich. Sie hatte also länger geschlafen.

Und wenn schon! Es waren Ferien und keiner vermisste sie. Bei diesem Gedanken setzte ihr Herz kurz aus. Johannes hatte sich, seitdem er ihre Wohnung verlassen hatte, nicht mehr bei ihr gemeldet. Lag ihm so wenig an ihr? Oder hatte sie ihn so sehr verletzt? Wieder und wieder ging sie in Gedanken den letzten Abend durch. Aber nie fand sie einen Weg, bei dem sie hätte abbiegen können. Es musste irgendwann darauf hinauslaufen. Außer sie könnte sich durchringen und ihm die Wahrheit sagen.

Caro musste an ihr Mädelstreffen am Vortag denken. Stine wünschte sich, dass Anne und sie versöhnt mit Mann und Maus zur Hochzeit erschienen. Das hatte sie noch einmal verdeutlicht, in dem sie erst heute Morgen eine neue Einladungskarte an Caro und Johannes adressiert, in den Briefkasten geworfen hatte. Darauf der Vermerk, dass sie es sich für ihre Brautjungfer gerne mit ihrer zukünftigen

Schwiegermutter verscherzen und den Sitzplan noch einmal korrigieren würde. Ein riesiger Smiley verzierte den Text.

Caro schmunzelte. Sie hatte das Gefühl, dass es Stine seit ihrer Entscheidung, Ben zu ignorieren und sich auf die Hochzeit mit Arthur zu konzentrieren, besser ging. Jedenfalls hatte es den Anschein, dass sie ein Stückchen ihrer Fröhlichkeit wieder zurückgewonnen hatte. Aber Caro konnte sich auch täuschen. Wenn Stine sich etwas in den Kopf gesetzt hatte, würde sie es auch durchziehen. Trotzdem glaubte Caro, dass Stine Ben nie vergessen würde. Und ob das eine gute Basis für das zukünftige Eheglück wäre, daran zweifelte sie doch stark.

Sie stand auf und holte sich ein Glas Wasser aus der Küche. Sollte sie tatsächlich einfach so bei Johannes auftauchen und ihm die Liebe gestehen? Und dann? Ach, es war zum Verzweifeln.

Sie nahm den Telefonhörer und wählte Annes Nummer. Vielleicht konnten sie für Stines Junggesellinnenabschied doch noch eine Kleinigkeit planen.

Eine halbe Stunde später saß sie neben Anne im Sand und streckte ihr Gesicht der Sonne entgegen. Dankbar, dass sie endlich mal vor die Tür kam, war Caro Annes Einladung an den Strand gefolgt. Linnea spielte mit Schaufel und Förmchen vor ihnen. Sie schien die Welt um sich herum völlig vergessen zu haben. Unaufhörlich kommentierte sie plappernd alles, was sie gerade aus Sand formte. Caro lächelte. Für Kinder musste die Welt doch noch in Ordnung sein.

Anne nahm den Picknickkorb zur Hand und holte für jede von ihnen einen Piccolo heraus.

»Muss jetzt mal ohne Glas gehen«, sagte sie müde. »Ich habe sie in der Eile vergessen.«

»Wird schon gehen! Danke!« Caro prostete Anne zu.

»Was hältst du von Stines Wunsch, versöhnt auf ihrer Hochzeit zu erscheinen?«, fragte sie nach dem ersten erfrischenden Schluck.

Anne zuckte mit den Schultern. »Ich kann es ihr nicht versprechen. Auch wenn Schwiegermutter sauer wird, weil der Platz neben mir leer bleibt. Ist mir egal! Ich würde sonst was dafür geben, wenn Raul und ich gemeinsam hingingen, aber im Moment sieht es nicht danach aus.«

Anne ließ sich resigniert nach hinten fallen und stützte sich auf die Ellbogen, um Linnea weiterhin im Auge zu haben. Caro legte sich auf den Bauch daneben. Wie oft hatten sie hier zu dritt die Zeit verbracht. Für den neuen Jungen in der Schule geschwärmt oder für den ersten Kuss mit dem Handrücken geübt. Hier hatten sie auch gesessen, als Stine plötzlich mit Ben aufgetaucht war, um ihn ihren Freundinnen vorzustellen. Caro lächelte bei dem Gedanken an diesen ausgelassenen Abend. Sie schaute zu Anne.

»Weißt du noch, als du uns hier erzählt hast, dass du schwanger bist? Oh Mann, das war vielleicht aufregend!«

Anne seufzte und schaute verträumt den anrollenden Wellen zu.

»Ja, da war unsere Welt noch in Ordnung! Und jetzt?« Sie begann zu schluchzen.

Schnell kniete sich Caro neben sie und strich über ihren Rücken.

»Für Raul bin in quasi gar nicht mehr da. Er spricht nur noch mit Linnea. Und wenn ich ihn anspreche, antwortet er äußerst knapp und dreht sich sofort weg. Was würdest du an meiner Stelle tun? Soll ich mich scheiden lassen?«

Caro schüttelte den Kopf. »Quatsch! Das kann Raul doch auch nicht wollen. Manchmal gibt es vielleicht so Phasen in einer Ehe, die nicht so rosig laufen. Hast du ihn mal richtig ins Gesicht gefragt, was los ist?«

Noch immer liefen Anne die Tränen über die Wangen, aber sie schaute trotzdem immer wieder vorsichtig, ob Linnea noch in ihr Spiel vertieft war.

»Wie soll ich das denn machen? Gestern Nacht nach dem Spiel hat er sich in Linneas Zimmer geschlichen und auf einer Matte neben ihrem Bettchen geschlafen. Und heute Morgen war er schon weg, bevor die Maus ausgeschlafen hatte. Und das ist sehr zeitig, wie du weißt. Also, wann soll ich mit ihm sprechen?«

Mit einem Mal setzte sich Anne kerzengerade hin. »Vielleicht sollte ich bei seinen Basketballkumpels nachfragen, ob er überhaupt bei dem Spiel mitgemacht hat. Was, wenn er bei einer anderen war und mit ihr den Sonntag genossen hat?«

Caro schnalzte mit der Zunge. »Ach Anne, das glaube ich einfach nicht. Meinst du wirklich, Raul würde dir das antun? Und wenn doch, dann hätte er doch ein schlechtes Gewissen und würde dir die Wahrheit erzählen und dich nicht so leiden lassen. Das passt einfach nicht zusammen.«

Anne war wieder in sich zusammengesunken. »Du hast recht, irgendwas passt nicht zusammen. Verstehst du, warum er das Problem nicht auch aus der Welt haben will?«

»Eigentlich benimmt er sich eher wie ein gekränkter Affe«, antwortete Caro stattdessen. »Als ob du irgendwas angestellt hättest und er auf den ersten Schritt von dir wartet.«

Nachdenklich nickte Anne. Natürlich war ihr dieser Gedanke auch schon gekommen. Aber sie konnte sich beim besten Willen nicht vorstellen, was Raul so verärgert hatte. Außer zu ihren Freundinnen und ihrer Familie hatte Anne kaum Kontakt. Ab und an besuchte sie den Spielkreis mit Linnea, aber auch dort waren nur Mamas mit ihren Kindern da. Also nichts Außergewöhnliches. Und wieder schloss sich der Gedankenkreis und brachte kein Ergebnis.

»Und bei dir? Ich nehme mal an, du warst noch nicht bei Johannes? Hast du es überhaupt vor?«, erkundigte sich Anne bei Caro.

Caro winkte ab. »Keine Ahnung, ob ich das schaffe. Ich glaube, ich habe einfach zuviel Angst davor, dass er mir einen Korb gibt.«

»Wenn ich ihn kennen würde, könnte ich mit ihm reden. Aber so hat das, glaube ich, keinen Sinn, oder?« Anne sah Caro fragend an.

Caro lächelte. »Du bist süß. Aber danke nein. Das muss ich schon selbst irgendwie auf die Reihe bekommen.«

Genießerisch nahm sie den letzten Schluck aus ihrer Piccoloflasche und legte den Kopf auf der Decke ab. »Lass uns den Nachmittag hier vertrödeln. Raul ist sowieso nicht zuhause und ich habe eine Ausrede, um nicht zu Johannes fahren zu müssen.«

»Na, wenn du meinst, dass das was bringt ...« Anne klang wenig überzeugt. Und auch bei Caro wollte das miese Bauchgefühl nicht nachlassen.

Arthur

Unruhig schaute Arthur auf die Uhr. »Stine, in einer knappen Stunde müssen wir bei meiner Mutter sein. Du weißt, wie sie Unpünktlichkeit hasst.«

»Ja, ich bin gleich soweit. Ich packe noch schnell ein paar Häppchen ein«, rief Stine aus der Backstube.

Arthur lächelte traurig. Er fand es furchtbar süß von Stine, dass sie sich solche Mühe machte und jedes Mal, wenn sie zu seinen Eltern gingen, Kleinigkeiten als Geschenk mitnahm. Entweder ein paar ihrer leckeren Backkreationen oder auch mal ein Buch, das sie entdeckt hatte und meinte, es könnte seinen Eltern gefallen. Die bedankten sich zwar oft höflich. Aber Arthur kannte sie besser. Die Körpersprache sagte eindeutig aus, dass sie weder etwas von Stine Leckereien essen noch eines ihrer Bücher lesen würden.

Er hatte es einfach nie geschafft, bei seiner Familie so zu Stine zu stehen, dass sie wirklich anerkannt wurde. Eine Frau, die Teig knetete, statt in die Firma ihres zukünftigen Mannes einzusteigen und ihm den Rücken zu stärken, war nicht standesgemäß. Eine Frau, die keinen Wert auf Markenkleidung legte, hatte keinen Stil. Und so konnte seine Mutter nach den Besuchen viele Dinge an Stine finden, die ihrer Meinung nach nicht zu ihrem Sohn passten. Und jedes Mal hatte sich Arthur die Tiraden angehört und um des lieben Friedens willen nicht viel dazu gesagt.

Heute jedoch hatte er besonders viel Bammel vor dem Treffen. Warum hatte er es bisher nur nicht geschafft, Stine von ihrem neuen Zuhause im Garten seiner Eltern zu erzählen? Jetzt lief ihm die Zeit davon. Seine Mutter würde mit Sicherheit anfangen, davon zu erzählen.

Noch immer hörte er Stine in der Backstube herumklappern. Arthur trat in die offene Tür des Cafés und schaute hinaus aufs Meer. Manchmal wünschte er sich einfach nur weit weg von all den Problemen in diesem kleinen Nest. Nicht, dass er Ahrenshoop nicht mochte. Als Heimat. Aber doch nicht, um den Rest seines Lebens hierzubleiben.

Immer wieder spukte das Angebot seiner Kollegen aus den USA in seinem Kopf herum. Anwalt in einem großen Reedereiverbund zu sein, war einfach unglaublich verlockend. Durch seine Kenntnisse im deutschen Recht und der Reederei wäre er begehrt und hätte sicher interessante Aufgaben in verschiedenen großen Städten zu übernehmen.

Arthur seufzte. Vielleicht konnte er nach der Hochzeit mit Stine reden und sie fanden gemeinsam eine Lösung. Allerdings machte sich schon bei dem Gedanken daran die

Resignation breit. Wie sollte die denn aussehen? Pendeln über den Großen Teich?

Das Klappern in der Backstube hatte nachgelassen. Arthur trat an den Tresen. Manchmal fühlte er sich, als ob er mit der Hochzeit sein eigenes Grab schaufelte. Aber dann dachte er an Stine und daran, dass er noch nie in seinem ganzen Leben eine Frau so sehr geliebt hatte. Warum konnte er die verschiedenen Facetten seines Lebens nicht glücklich unter einen Hut bringen?

In diesem Moment trat seine zukünftige Frau strahlend aus der Backstube. Sein Herz machte einen Sprung, so zauberhaft sah Stine aus. Die wilden Locken hatte sie locker nach hinten gesteckt. Sie trug ein enges dunkelrotes Kleid, passende Pumps dazu und eine silberne Kette, die schillernd ihr Dekolleté betonte.

Ein dicker Kloß setzte sich in Arthurs Hals fest. Jetzt war die Stunde gekommen, in der er Stine die Wahrheit über die Wohnung sagen musste.

Die ganze Fahrt über hatte Stine aus dem Beifahrerfenster geschaut und noch kein Wort gesagt. Arthur schluckte. Sie war natürlich alles andere als begeistert gewesen. Hoffnungsvoll hatte sie ihn angeschaut, als er von ihrer neuen Wohnung zu erzählen begonnen hatte. Aber dann war alle Freude aus ihrem Gesicht gewichen und großes Entsetzen hatte sich breitgemacht. Arthur hatte immer weiter auf sie eingeredet, ihr die Vorteile aufgezählt, die selbst in seinen Augen schwach klangen, aber Stine wurde nur immer trauriger. Am Ende blieb keine Zeit mehr zum Reden, weil seine Mutter wartete.

Wie ferngesteuert hatte Stine das Tablett mit den Häppchen geholt, das Café abgeschlossen und war in seinen Wagen gestiegen. Arthur wagte kaum zu fragen, was in ihr vorging. Aber er wollte wenigstens noch einen Versuch starten.

»Schatz, lass uns doch das Haus einfach in Ruhe anschauen. Meine Mutter hatte wirklich tolle Ideen«, sagte er zaghaft.

Langsam wandte sich Stine ihm zu. Ihre Augen waren riesengroß und mit Tränen gefüllt.

»Gerade hast du noch von eurem Gartenhaus gesprochen. Und jetzt ist es schon ein fertiges Haus? Von deiner Mutter hergerichtet?«

Stine begann zu zittern. »Arthur, wenn ich von unserem Zuhause spreche, dann denke ich daran, wie wir gemeinsam planen, einrichten oder aussuchen. Hättest du dich nicht wenigstens in diesem Punkt bei deiner Mutter durchsetzen können? Wenn wir schon hier wohnen müssen?«

Schuldbewusst nickte Arthur. »Ja, du hast recht. Aber alles ging so schnell und dann musste ich nach Hamburg. Und ehe ich Einspruch erheben konnte, hatten die Umbaumaßnahmen begonnen. Ich weiß nicht, wie lange meine Mutter das schon geplant hat. So was geht doch nicht in so kurzer Zeit.«

Resigniert legte Stine ihm die Hand auf den Arm.

»Was sollen wir denn jetzt nur machen?«

Arthur schaute verstohlen auf die Uhr.

»Vielleicht erst mal reingehen und dann weiter schauen?«, sagte er fast flüsternd.

»Und dann?«, flüsterte Stine zurück und stieg aus dem Auto.

Noch bevor sie den Hauseingang erreicht hatten, kam ihnen Gisela schon entgegen.

»Mein Sohn, ich war fast geneigt, bei dir anzurufen. Es ist schon fünf nach sieben!«, sagte sie streng und nahm Arthur fest in die Arme. Dann hakte sie sich bei ihm unter und zog ihn zur Haustür. Im Vorbeigehen nickte sie Stine kurz zu.

Arthur sah Stine an, dass sie sich unwohl fühlte und am liebsten davongerannt wäre. Schnell machte er sich bei seiner Mutter los und nahm Stine das Tablett aus der Hand.

»Mutter, Stine hat wieder ein paar leckere Häppchen gezaubert. Die können wir uns beim Gespräch schmecken lassen«, sagte er mit aufgesetzter Fröhlichkeit.

»Sie soll die Dinger in die Küche bringen. Wir haben keine Zeit zum Essen«, antwortete Gisela kurz.

Mittlerweile waren sie im Salon angekommen.

»Ich habe hier schon einmal die Tischordnung festgelegt.« Sie zeigte auf den großen Tisch, auf dem eine Papierrolle ausgerollt lag.

»Hier ist die Liste mit den Rednern und der genaue Ablaufplan, damit sich jeder daran halten kann.«

Bei ihren letzten Worten schaute Arthurs Mutter Stine kurz streng an. Stine schluckte.

»Und zu guter Letzt habe ich dir hier ein Tischarrangement nebst Tischkärtchen aufgebaut. In diesem Stil wird der komplette Tisch eingedeckt sein.«

Zufrieden schaute sich Gisela um.

»Ach ja, und noch etwas. Wo ist das Brautkleid?«

Kalte Augen schauten Stine an, die mit verängstigtem Blick bei Arthur um Hilfe flehte.

»Mutter, jetzt ist aber mal gut! Stine ist die Braut und sie wird das Brautkleid tragen. Also hängt es auch bei ihr zuhause. Was willst du denn noch?«

Abschätzend schaute Gisela Stine von oben bis unten an.

»Na ja, immerhin hast du dir mit deiner Figur endlich mal ein bisschen Mühe gegeben. Ich hätte es nicht gern gesehen, wenn mein Sohn eine Walküre heiratet.«

»Mutter!«, zischte Arthur.

Gisela hob ihr Kinn und wandte sich ihrem Sohn zu.

»Also, lasst uns das hier hinter uns bringen.« Dabei machte sie eine ausladende Armbewegung und deutete auf die Tischordnung. »Schließlich möchte ich euch noch euer neues Zuhause zeigen. Es ist mir gelungen, die besten Einrichter der Gegend zu engagieren. Ihr werdet staunen!«

Stolz reckte sie ihr Kinn Stine entgegen. Das gehässige Leuchten in ihren Augen konnte Stine nicht übersehen.

Jennifer

Erschrocken fuhr Jennifer auf. Sie hatte sich doch nur einen Moment ausruhen wollen, kurz den Kopf auf die Unterarme ablegen und Kraft tanken wollen. Das viele Nachdenken der letzten Wochen war für sie fast unerträglich geworden. Am Ende jeder Grübelei wurde sie immer unruhiger und eine Lösung zeichnete sich nicht ab. Egal wie sie es drehte und wendete, sie konnte sich nicht vorstellen, jetzt, nach so vielen Jahren, einfach mit der Wahrheit rauszurücken. Diese Gedanken zogen sich lang bis in jede Nacht hinein, sodass sie kaum noch schlief. Erst gegen Morgen übermannte sie die Müdigkeit und dann wurden die Kinder meist schon bald wach.

Der volle Teller Nudeln, den sie sich zum Essen hingestellt hatte, wartete noch immer vor ihr. Mit dem Schlafmangel kam auch die Appetitlosigkeit. Sie brachte kaum noch etwas runter. Immer wieder ließ sie sich Ausreden einfallen, um nicht am gemeinsamen Essen teilnehmen zu müssen. Auch jetzt überkam sie der Würgereiz, wenn sie nur daran dachte, eine Gabel voll Nudeln in den Mund schieben zu müssen.

Müde stand sie vom Esszimmertisch auf und erschrak heftig, als Heiner in der Tür erschien. Das war also das Geräusch gewesen, was sie geweckt hatte.

»Meine Liebe, wo sind die Kinder? Wie geht's euch? Was habt ihr den ganzen Tag gemacht?«

Jennifer schluckte. Heiner war einfach zu gut für sie. Immer gut gelaunt, immer darauf bedacht, dass es seiner Familie gut ging. Und da bezog er Lilo ganz selbstverständlich mit ein. Obwohl er annahm, dass das Kind von Ben sei. Nie hatte sie das Gefühl, dass er die beiden Mädchen verschieden behandelte. Brachte er Sarah ein Geschenk mit, bekam Lilo natürlich auch etwas. Und für Lilo war er auch ihr Papa. Sie wusste nichts von der Geschichte, die ihre Mama erzählt hatte.

»Die Kinder sind bei meinen Eltern«, antwortete sie schwach. Ein Schwindelgefühl übermannte sie. Sie hielt sich an Heiner fest.

»Was ist mit dir? Du siehst schrecklich blass aus!«, fragte er ängstlich.

Schnell führte er sie zurück zum Esstisch und schob sie vorsichtig auf einen der Stühle. Er setzte sich ihr gegenüber und schaute ihr tief in die Augen.

»Schatz, möchtest du mir jetzt endlich sagen, was mir dir los ist? Meinst du, ich habe nicht gemerkt, dass dich etwas quält?«

Er schaute sie besorgt an.

Jennifer stöhnte. Wie sie diesen Mann liebte. Wie konnte sie ihm nur schonend die Wahrheit beibringen? Wobei er sich theoretisch auch freuen könnte, aber diese Lüge, die sie ihm die ganze Zeit aufgetischt hatte, die würde er ihr doch nie verzeihen.

Heiners Blick verfinsterte sich.

»Du liebst ihn immer noch, stimmts?«, fragte er und hielt weiterhin Augenkontakt zu ihr.

Jennifer legte die Stirn in Falten.

»Wen meinst du?«, fragte sie irritiert.

Heiner sprang auf und tigerte in der Küche umher.

»Wen ich meine? Das ist doch sonnenklar. Seitdem Ben wieder aufgetaucht ist, benimmst du dich seltsam. Immer wenn ich dich in die Arme nehme, stöhnst du, als ob ich dir etwas antun würde. Und dann dieser wehmütige Blick, wenn du Lilo anschaust.«

Theatralisch warf Heiner die Arme in die Höhe.

»Was soll ich da bitteschön denken? Jedenfalls warst du schon lange nicht mehr in Gedanken bei mir.«

»Nein, Heiner, denk das nicht! Ich ...« Weiter kam Jennifer nicht. Ihre Muskeln gaben allmählich nach. Sie sackte im Zeitlupentempo in sich zusammen. Heiner konnte sie gerade noch auffangen, damit sie nicht auf den Boden fiel.

Als sie kurz darauf die Augen wieder öffnete schaute sie sich hektisch um, bis ihr Blick an Heiner hängen blieb. Was war passiert? Warum lag sie auf dem Sofa?

»Da bist du ja wieder!«, antwortet er zärtlich. »Jag mir bitte nicht noch einmal so einen Schrecken ein, ja?«

Liebevoll streichelte er ihre Hand.

»Hast du Schmerzen? Oder vielleicht Durst? Soll ich besser einen Arzt rufen?«

Heiner wollte sich erheben, aber Jennifer hielt ihn fest.

»Es geht mir gut, mein Lieber! Bitte lass mich nicht los!« Die Tränen rannen ihr über die Wangen. Ihr war klar geworden, dass sie Heiner die Wahrheit sagen musste. Komme danach, was wolle.

Heiner rührte sich nicht vom Fleck, sondern schaute sie fragend an. So als ahnte er, dass Jennifer etwas Wichtiges zu sagen hatte.

»Heiner, ich muss mit dir reden!«, begann Jennifer zaghaft.

Heiner nickte. Er saß stocksteif vor ihr.

»Kannst du dich noch an den Moment erinnern, als wir uns das erste Mal gesehen haben? Du warst mit deinen Kumpels auf dem Künstlerfest und ihr hattet unglaublich viel Spaß. Ich habe dich sofort entdeckt. Es war, als ob du leuchten würdest. Leuchten, für mich.«

Ein zärtliches Lächeln huschte über Heiners Gesicht und er nickte.

»Dann haben sich unsere Blicke getroffen und ab da war es um mich geschehen.«

Jennifer lag ganz ruhig auf ihrem Kopfkissen, den Blick entrückt. Unaufhörlich streichelte ihre Hand über Heiners. Sie hatte Angst weiterzusprechen, aber sie musste. Noch einmal atmete sie tief durch und nahm Anlauf für den Rest der Geschichte.

»Heiner, ich weiß, dass du mich jetzt verurteilen wirst. Was ich gemacht habe, kann man nicht verzeihen. Aber damals nahmen die Dinge einfach ihren Lauf und irgendwann kam ich nicht mehr raus aus der Nummer.«

Noch immer sagte Heiner kein Wort, drückte aber Jennifers Hand ganz fest. Sie nahm allen Mut zusammen und sprach endlich aus, was ihr seit acht Jahren auf der Seele brannte.

»Lilo ist deine Tochter«, platzte sie heraus. »Die Nacht mit Ben hatte für mich von dem Moment an nichts mehr zu bedeuten, als wir uns auf dem Künstlerfest näher gekommen waren. Alles fühlte sich so perfekt an. Du hast mich verzaubert.«

Jennifers Augen strahlten bei der Erinnerung. Aber dann verdunkelte sich ihr Blick.

»Na ja, aber dann waren da meine Freundinnen, die nichts von unserem Flirt mitbekommen hatten. Sie haben sich so süß um mich gekümmert, sich Sorgen gemacht wegen Ben, der einfach verschwunden war. Und als ich ein paar Wochen später auch noch schwanger war, war für alle klar, dass Ben der Vater sein musste. Wir hatten uns bis dahin ja erst ein paar Mal gesehen. Und trotzdem wuchs in meinem Bauch schon unsere süße Tochter heran.«

Sie seufzte und schüttelte energisch den Kopf.

»Es klingt schrecklich, wenn ich es jetzt erzähle. Aber ich war auch sauer auf Ben. Er hat allen erzählt, dass ich ein Ausrutscher war. Dass die Nacht mit mir nichts zu bedeuten hatte und er nur Stine liebte. Das tat weh! Und das wollte ich ihm wohl zurückgeben. Ich wollte meine Ehre zurück. Wenn ich damals erzählt hätte, dass ich ein Kind vom nächsten Mann bekomme, hätten mich die Leute für ein Flittchen gehalten. Jedenfalls dachte ich das damals. Und du warst so lieb! Hast alles für mich getan. Und Lilo wie deine eigene Tochter angenommen. Vom ersten Tag an. Ich weiß nicht. Wann hätte ich das wieder auflösen sollen? Ich bin so eine miese Lügnerin. Ich kann verstehen, wenn du jetzt nichts mehr mit mir zu tun haben willst. Mehr als sieben Jahre lang habe ich dir quasi dein eigenes Kind vorenthalten. Obwohl du tagtäglich mit ihr zusammen warst. Oh Gott, Heiner, ich bin so schlecht!«

Die letzten Worte brachte Jennifer kaum noch deutlich hervor. Wie ein Wasserfall bahnten sich die Tränen ihren Weg. Endlich war sie losgeworden, was sich seit Jahren wie ein enges Band um ihr Herz geschnürt hatte. Immer wieder hatte sie nach einer Lösung gesucht, die es nie zu geben schien. Und irgendwann hatte sie selbst an ihre Lügengeschichte geglaubt. Das war der einfachste Weg gewesen. Aber dann war Ben wieder aufgetaucht, womit sie ja hatte rechnen müssen.

Als sie sich endlich beruhigt hatte, schaute sie vorsichtig zu Heiner, der noch immer ohne Regung neben ihr saß.

»Warum sagst du nichts?«, fragte sie zögerlich. Ihr Herz pochte wie wild in ihrer Brust.

Heiner nahm Jennifers Hände in seine und schaute sie zärtlich an.

»Ich bin froh, dass du es mir endlich erzählt hast«, sagte er nach einer ganzen Weile.

Jennifer schaute ihn verdutzt an.

»Wie meinst du das?«, fiepte sie fast tonlos.

»Ich meine, dass ich schon seit einer ganzen Weile weiß, dass Lilo meine Tochter sein muss«, antwortete er jetzt mit fester Stimme. »Es hört sich verrückt an, ich weiß, aber ich habe es herausgefunden, als Lilo mit vier Jahren den Blinddarm herausgenommen bekommen hat. Wegen des zu befürchtenden Durchbruchs bist du mit ihr schon in den OP gegangen und ich habe alle Formalitäten ausgefüllt. Dabei musste ich auch ihre Blutgruppe angeben und habe mich gewundert, dass Lilo nicht deine Blutgruppe hat. Und die von Ben war es auch nicht.«

Jennifer starrte Heiner die ganze Zeit über an. Seine Worte prasselten auf sie ein, sie konnte sie aber nicht wirklich einsortieren. Heiner wusste es die ganze Zeit über? Und hat nichts gesagt?

»Aber woher wusstest du, was Ben für eine Blutgruppe hat?«, fragte sie flüsternd.

Heiner lächelte.

»Ben hat Blutgruppe 0. Also eine ziemlich seltene. Kannst du dich noch an den Aufruf der DKMS zur Typisierung erinnern? Es ging um den kleinen Jungen, der Blutkrebs hatte. Ich hatte damals gerade die Sanitäterausbildung begonnen und mich freiwillig zum Helfen gemeldet. Meine Aufgabe war es gewesen, alle Ankommenden zu registrieren und ihnen den Ablauf zu erklären. Und dabei war ich kurz mit Ben ins Gespräch gekommen, eben wegen seiner seltenen Blutgruppe.«

Heiner hielt inne und lächelte.

»Tja, und dann stand bei Lilo die Blutgruppe A, meine Blutgruppe. Das war, als ob dieser kleine Schatz für mich noch einmal geboren worden war. Ich hatte ja nicht viel Zeit, schließlich musste der Blinddarm raus. Aber als ich sie nach der OP wieder in den Armen halten durfte, war ich der glücklichste Mensch auf der Welt.«

Eine ganze Weile sagten beide kein Wort. Die Stille waberte wie befreiend durch den Raum.

Endlich wagte Jennifer, Heiner anzusprechen.

»Und was wird jetzt aus uns?«

Heiner zuckte mit den Schultern. Das Lächeln war ihm die ganze Zeit über nicht aus dem Gesicht gewichen.

»Ich denke, jetzt sind wir quitt, oder?«

»Quitt? Ich habe dich angelogen. Habe dir deine Tochter vorenthalten. Und du sagst, dass wir das einfach so vergessen sollen?«

Heiner nickte und nahm Jennifer zärtlich in seine starken Arme. Wie sehr sie diese Umarmungen liebte. Jedes Mal spürte sie eine tiefe Ruhe, so als ob ihr nie wieder etwas zustoßen könnte. Dieser Mann würde sie für den Rest ihres Lebens beschützen.

»Ich weiß, dass du es nicht leicht hattest, nach der Nacht mit Ben. Es ist auch nicht so, dass ich ihn nicht verstehe. Ihr hattet beide zuviel getrunken, aber eigentlich hat er Stine geliebt. Und du warst irgendwie übrig. Die böse Verführerin. Als du auf dem Künstlerfest plötzlich vor mir standest, hatte ich das Gefühl, in deine Seele schauen zu können. Ich weiß jetzt, wie verletzlich du bist. Aber auch wie stark du sein kannst. Ich hatte damals einfach gedacht, dass ich dich retten müsste. Und das werde ich auch weiterhin tun, mein Liebling!«

Vorsichtig nahm er Jennifers nassgeweintes Gesicht in seine Hände.

»Aber versprich mir eines! Rede mit Ben und versuche, es ihm genauso zu erklären, wie jetzt mir. Ich glaube, er wird es verstehen. Wenn du möchtest, halte ich deine Hand. Die ganze Zeit.«

»Oh Heiner, ich liebe dich so sehr! Wie habe ich dich nur verdient?«

Sie schlang ihre Arme um seinen Hals und ließ sich fallen.

Anne

Zufrieden betrachtete Anne ihr Werk. Sie hatte die ganze Küche geschmückt und den Esstisch festlich dekoriert. Da Stine Lavendel liebte, hatte sie alles in Lilatönen gehalten. Und mit Lavendel und Sanddorn verziert. Die Tischdecke und die Servietten nahmen die Farbtöne ebenso auf wie die kleinen Teelichthalter, die Glasnuggets und Blumensträußchen, die sie im ganzen Raum verteilt hatte. Auch wenn Stine keinen großen Junggesellinnenabschied wollte, ein bisschen Stil sollte es doch haben, schließlich stand ihre hoffentlich einzige Hochzeit bevor.

Nachdenklich setzte sich Anne an den Tisch und war nahe dran, sich schon ein Glas Sekt einzuschenken. Im letzten Moment hielt sie sich zurück.

Die vergangenen Wochen waren alles andere als lebenswert gewesen. Und noch immer wusste Anne nicht, was in Raul gefahren war. Jegliche Annäherungsversuche ihrerseits blockierte er sofort mit der Aussage: Solange sie ihm nichts zu sagen hätte, wüsste er nicht, worüber sie reden sollten. Und ob sie überhaupt noch miteinander reden sollten.

Jedes Mal hatte ihn Anne verwirrt angeschaut und traurig mit dem Kopf geschüttelt. Dass Südländer aber auch so stur sein konnten. Warum sagte er ihr nicht einfach, was los war?

Beim letzten Mal hatte sie nicht mehr an sich halten können und ihn angeschrien. Das hatte sie noch nie getan. Aber auch damit war sie ihm nicht näher gekommen. Raul hatte sich einfach weggedreht und war gegangen.

Traurig strich sie die Tischdecke glatt und schaute auf die Uhr. In ein paar Minuten würden ihre Freundinnen hier sein. Also lächeln! Schließlich ging es heute um Stine.

Plötzlich fiel ihr ein, dass sie ja noch etwas vom Dachboden holen wollte. Schnell sauste sie nach oben und kam mit einem ihrer schönsten Bilder zurück. Das wollte sie Stine zur Hochzeit schenken. Nur nicht am Samstag vor allen Leuten. Also hatte sie gedacht, dass sie es ihr heute überreichen könnte. Außerdem würden Stine und Caro dann auch gleich erfahren, dass sie ein neues Hobby hatte. Sie war auf die Reaktionen gespannt. Voller Vorfreude stellte sie das Bild hinter die Flurgarderobe, damit Stine es nicht gleich entdecken würde.

Ein paar Minuten später stand Stine staunend in Annes Küche.

»Wow, das sieht ja toll aus! Du hast wirklich ein Händchen für Dekoration. Vielleicht kannst du ja nach der Babypause deinen langweiligen Bürojob an den Nagel hängen und ins Hochzeitsgewerbe einsteigen.«

Stine grinst Anne verschmitzt an. Noch immer hatte sie die Platten mit den Häppchen in der Hand. Anne nahm sie ihrer Freundin ab und knuffte sie dabei in die Seite.

»Da ist was dran. Macht auf jeden Fall mehr Spaß, als Rechnungen einzuheften oder handgeschriebene Briefe vom Chef abzutippen.«

Stine ließ sich vorsichtig, um das schöne Arrangement nicht zu zerstören, auf einem der Stühle nieder.

»Caro kommt ein paar Minuten später. Hat sie es dir auch geschrieben?«, fragte sie.

Anne schaute kurz auf ihr Handy. Seitdem keine lieben Nachrichten mehr von Raul kamen, ließ sie das Ding oft achtlos liegen. Wer etwas Wichtiges wollte, würde sich schon telefonisch melden. Jedenfalls konnte sie die ständige Enttäuschung nicht mehr ertragen. Sie nickte, als sie die Nachricht von Caro entdeckt hatte.

»Dir geht es immer noch nicht besser, oder?«, fragte Stine vorsichtig nach.

Anne schüttelte den Kopf.

»Nein, aber das ist heute nicht wichtig! Heute bist du die Hauptperson. Ich kann dir nur nicht versprechen, dass wir am Samstag zu zweit kommen. Ich habe Raul zwar die Einladung noch einmal gezeigt, aber er hat nichts dazu gesagt.«

Sie strich sich mit den Händen übers Gesicht, als wollte sie die lästigen Gedanken dadurch loswerden.

»Aber erzähl mal, wie war denn das Treffen mit Gisela?«

Stines gute Stimmung schlug sofort um. Sie hatte die ganze Nacht gegrübelt, ob sie ihren Freundinnen wirklich vor der Hochzeit von der Sache mit dem Haus erzählen sollte. Andererseits musste sie es endlich loswerden und wer war für solche Probleme besser geeignet als Anne.

»Na ja, es war erst mal wie immer. Arthur wurde begrüßt und getätschelt und ich links liegen gelassen«, begann sie zögerlich.

Anne nickte mitfühlend.

»Aber dann kam es noch besser!«, fuhr Stine sarkastisch fort. »Kurz bevor wir zu den Barmstedes fahren wollten, die übrigens bestimmt wieder nichts von meinen Häppchen angerührt haben, da wette ich mit dir, hat mir Arthur noch etwas gebeichtet. So fünf vor zwölf quasi, da er genau wusste, dass seine Mutter damit anfangen würde.«

Anne hatte vor Spannung rote Wangen bekommen.

»Du musst einen Stammhalter gebären, sonst enterben sie Arthur?«, fragte sie, ohne zu lächeln.

»Das wäre harmlos. Dann wäre ich diese Familie endlich los. Nein! Arthur hat eine Wohnung für uns gefunden. Oder sollte ich besser sagen, seine Mutter hat sie entdeckt?«

Bei den letzten Worten malte Stine Gänsefüßchen in die Luft.

»Sie hat sich ausgedacht, dass wir im hinteren Teil des Gartens in dem Haus wohnen könnten. Sie nennen es

Gartenhaus, für mich ist es schon fast eine kleine Villa. Jedenfalls nach dem Umbau, den die gute Gisela für uns schon mal vorgenommen hat. Natürlich, ohne Arthur mit einzubeziehen. Er durfte wohl mal einen kurzen Blick darauf werfen und das war es. Dass meine Vorstellungen von ihren völlig abweichen, brauche ich dir ja nicht zu sagen. Und wie stolz sie alles präsentiert hat! Sie hat mich dabei nicht ein einziges Mal angesehen. Also, was soll ich sagen. Das Haus ist toll, für jemand, der auf kalte, teure Ausstattung steht. Aber definitiv nicht für mich.«

Stine hatte sich in Rage geredet und ihr Füße begannen bereits wieder unter dem Tisch zu zappeln. Schnell legte Anne ihre Hand auf Stines.

»Jetzt mal langsam!«, sagte sie fast atemlos. »Du sollst jeden Tag brav an ihrer Haustür vorbei in den Garten dackeln, damit sie euch schön unter Kontrolle hat? Denn von hinten gibt es keine Einfahrt, soviel ich weiß, oder?«

Stine nickte.

»Und was sagt Arthur dazu? Das kann er doch nicht wirklich wollen?«

»Ach, Arthur, der ist zu lieb für diese Welt. Natürlich will er das nicht, aber er schafft es auch irgendwie nicht, sich aus Mutters Klauen zu befreien. Lieber versucht er, mir das Ganze schmackhaft zu machen. Ach Mensch, und das alles so kurz vor der Hochzeit. Das hat die doch mit Absicht gemacht, oder?«

Jetzt endlich brach es aus Stine heraus. Sie war aufgesprungen und tigerte in der Küche umher. Plötzlich blieb sie vor dem Kühlschrank stehen.

»Steht genug Sekt kalt?«, fragte sie grinsend.

Anne grinste zurück. »Bisher nur eine Flasche. Caro wollte sich um die Getränke kümmern.«

Nachdem sie den ersten Schluck des prickelnden Getränks genossen hatten, klingelte es an der Tür.

»Typisch Caro, sie schafft es, immer im richtigen Moment aufzutauchen«, lachte Anne und ließ Caro herein.

Als die drei Freundinnen an dem reichlich gedeckten Tisch saßen, brachte Stine Caro auf den neuesten Stand. Noch einmal erzählte sie die ganze Geschichte um das Gartenhaus der Barmstedes.

»Also sitzen wir jetzt hier, um deine Freiheit zu feiern?«, fragte Caro, nachdem Stine geendet hatte.

»Caro, bitte«, zischte Anne. »Stine geht es doch schon schlecht genug.«

»Genau das ist ja das Problem! Zwei Tage vor der Hochzeit sollte es ihr richtig gut gehen!«

Caro schaute Stine intensiv an.

»Sag mir bitte, dass du diese Hochzeit abblasen wirst!« Eindringlich rutschte sie noch ein Stück näher an Stine heran.

Lange Zeit sagte Stine kein Wort. Dann schüttelte sie leicht den Kopf.

»Ich weiß, dass es alles andere als gute Voraussetzungen sind. Und dass ich mit meiner Schwiegermutter nie ein gutes Verhältnis haben werde. Genauso kann ich mir leider nicht vorstellen, wie es funktionieren soll, dass wir im Gartenhaus wohnen. Stellt euch nur vor, wir wollen einen Mädelsabend bei mir machen. Wie soll das gehen? Ich hätte immer das Gefühl, dass sie am Fenster stehen und schnüffeln würde. Und wenn ich mich daran erinnere, wie sie mit Linnea umgegangen ist ... Liebevoll, aber herrschsüchtig.«

Wieder starrte Stine eine Weile vor sich hin.

»Aber versteht ihr denn nicht? Das alles sind Umstände! Das hat nichts mit Arthur und mir zu tun. Ja, natürlich hätte er sich mehr durchsetzen müssen. Mit der Faust auf den Tisch hauen und zu uns stehen. Dafür ist er zu weich. Aber ist es nicht auch genau das, was ihn ausmacht? In den ganzen Jahren hatte er in meiner Gegenwart noch nicht einmal schlechte Laune, ist nie laut geworden, auch wenn wir mal nicht einer Meinung waren. Er war immer darauf bedacht, dass es mir gut geht. Und so hat er sich auch jetzt bei der Hausbesichtigung verhalten. Die ganze Zeit über hielt er meine Hand, hat mir versucht, die schönen Dinge und die angenehmen Vorteile vor mein geistiges Auge zu zaubern.«

Endlich richtete Stine den Blick auf und sah ihre Freundinnen fest an.

»Ich werde Arthur am Samstag heiraten und wir werden gemeinsam eine Lösung für alle großen und kleinen Probleme finden!«

Stine hielt ihren Freundinnen das Sektglas zum Anstoßen entgegen. Zögerlich nahm Anne ihr Glas in die Hand.

»Und was ist mit Liebe?«, flüsterte Caro, bevor auch sie ihr Glas zur Hand nahm und mit anstieß.

»Das Leben geht auch ohne Schmetterlinge weiter«, antwortete Stine schnell und nahm einen großen Schluck.

Plötzlich sprang Caro auf und fasste sich an den Kopf.

»Jetzt hätte ich beinahe das Wichtigste vergessen. Wobei ...« Sie blieb stehen und schaute unschlüssig zu Stine.

»Spann uns nicht so auf die Folter! Was ist los?«, fragte Anne, erleichtert, dass Caro von dem Drama um die Hochzeit ablenkte. Später würde sie noch einmal in Ruhe darüber nachdenken. Besonders, ob sie Stine noch irgendetwas raten konnte.

»Ach, ich weiß nicht, ob ich es sagen soll. Glücklicher wird Stine dadurch sicher nicht.«

Caro raufte sich die Haare. »Hätte ich doch bloß meine Klappe gehalten. Andererseits hast du ein Recht, es zu erfahren. Und besser heute als Samstag Abend oder so.«

Stine war mittlerweile auch aufgesprungen.

»Caro, raus damit!«

Die beiden standen sich nun direkt gegenüber.

»Okay, ich mach es kurz. Lilo ist nicht Bens Tochter. Das hat sich Jennifer damals nur ausgedacht, um ihm eins auszuwischen. Oder war es Wunschdenken, das weiß ich nicht. Jedenfalls habe ich es heute aus sicherer Quelle erfahren.«

Stines Herz setzte für einen Moment aus. Schnell klammerte sie sich an der Stuhllehne fest.

»Und wer ist der Vater?«, fragte Anne.

»Heiner! Das ist unglaublich, oder? Der angenommene Vater ist am Ende der richtige. Was für ein Irrsinn!«, schnaubte Caro verächtlich.

»Sie hat die ganzen Jahre gelogen?«, keuchte Stine. Sie war ganz blass geworden und versuchte, ihr Zappeln und ihre Atmung unter Kontrolle zu bringen. »Sie hat uns alle in dem Glauben gelassen, Ben wäre ein Schuft?«

Langsam rutschte Stine auf ihren Stuhl und sackte immer weiter in sich zusammen.

»Ich hätte ihn doch zurückholen können. Damals wäre noch alles möglich gewesen. Da hatte er noch keine Familie in Alaska. Wir hätten einfach noch einmal von vorn angefangen können. Und wären jetzt wahrscheinlich glücklich.«

Die Tränen, die sich mit Macht ihren Weg bahnten, konnte Stine nicht mehr aufhalten.

Caro

Als Caro gegen zwei Uhr nachts zuhause ankam, blieb sie in ihrer Wohnungstür stehen. Das ganze Leben kam ihr plötzlich so absurd vor. Jeder sah, dass Stine noch immer Ben liebte. Und er wahrscheinlich auch sie. Trotzdem heiratete sie einen anderen.

Anne und Raul waren wie füreinander gemacht und gingen sich seit Wochen aus dem Weg, weil sie nicht miteinander reden konnten.

Und sie selbst? Verlor wahrscheinlich den einzigen Mann, den sie je geliebt hatte, nur weil sie zu feige war. Das konnte doch alles nicht wahr sein. Für Stines und Annes Beziehungen konnte sie nicht viel tun. Aber ihre eigene konnte sie retten.

Schnell schlüpfte sie ins Bad, legte Parfüm nach und kontrollierte ihr dezentes Make-up. Sollte genügen, um Johannes mitten in der Nacht gegenüber zu treten. Zu mehr war sie im Moment sowieso nicht in der Lage. Die Aufregung hatte von ihr Besitz ergriffen.

Die knappe Stunde bis Stralsund überbrückte sie mit einer Dose Kaffee, die sie notfallmäßig immer im Auto liegen hatte. Sie musste einen klaren Kopf haben, bis sie bei Johannes ankam. Gott sei Dank hatten sie die letzten

Flaschen Sekt nicht angerührt. Keine von ihnen hatte noch Lust zu feiern. Sie hatten sich auf Annes Sofa gekuschelt und geredet. So gut es ging. Alle Gespräche endeten eigentlich damit, dass es für keine von ihnen eine Lösung gab.

Irgendwann war Raul aufgetaucht und direkt ins Schlafzimmer marschiert. Danach war die Stimmung erst recht am Tiefpunkt und sie waren auseinandergegangen.

Arme Stine, was für ein mieser Junggesellinnenabschied. Den kleinen Funken Hoffnung, dass Stine doch noch ihrem Herzen folgen und nicht nur den Verstand entscheiden lassen würde, schob sie beiseite.

Endlich stand Caro vor der Haustür und schaute auf den Klingelknopf. Konnte sie Johannes wirklich um kurz nach drei wecken? Er musste sie doch für völlig verrückt erklären. Aber das war sie ja auch. Verrückt nach ihm!

Erst nach dem dritten Klingeln knarzte die Gegensprechanlage.

»Ja?«, fragte Johannes schlaftrunken.

Caros Herz pochte wie wild. Wie hatte sie seine Stimme vermisst.

»Ich bin's«, antwortete sie heiser.

Eine ganze Weile war nichts zu hören und Caro dachte schon, Johannes würde sie vor der Tür stehen lassen. Aber dann kam er barfuß und nur mit Boxershorts und offenem Bademantel bekleidet die Treppe herunter.

Ein Kribbeln machte sich in Caro breit. Auch wenn Johannes nicht der Adonis schlechthin war, ihr Körper reagierte sofort beim Anblick dieses drahtigen Typs.

Wortlos zog Johannes sie zur Tür herein und die Treppe mit hinauf in seine Wohnung. Caro genoss einerseits seine liebevollen Blicke, andererseits fühlte sie sich unwohl. Warum sagte er nichts? Wartete er darauf, dass sie mit einer Erklärung begann?

Alles in Caro wand sich. Bisher hatte sie noch nie jemandem von ihrem Problem erzählt. Und auch wenn Johannes darauf zu warten schien, fiel es ihr unglaublich schwer. Es wäre so viel leichter, hätte er sie in den Arm genommen und Smalltalk gemacht. Erst mal jedenfalls.

Als die Stille fast unerträglich wurde, begann Johannes doch.

»Caro, ich mag geheimnisvolle Frauen sehr. Und ganz besonders dich! Nein, ich liebe dich! Aber wenn deine Geheimnisse unsere Beziehung belasten, dann kann ich nicht mit dir zusammen leben. Ich möchte dich deshalb bitten, mich jetzt ein Stück in dein Herz zu lassen oder für immer zu gehen. Es ist okay, wenn du dich erst nach und nach öffnen kannst, aber bitte schließe mich nie wieder ganz aus. Ich bin kein Schönwettermann. Ich wünsche mir, mit dir durch dick und dünn zu gehen. Weil ich an uns glaube. Tust du das auch?«

Caro stiegen die Tränen in die Augen. Sie versuchte sie wegzublinzeln. Seine Worte hatten sie mitten ins Herz getroffen. Was sollte sie nur tun? Natürlich war sie genau aus diesem Grund hierhergekommen. Sie wollte sich mit Johannes versöhnen und ihm alles erzählen. Aber plötzlich kam es ihr so unendlich schwierig vor. Wahrscheinlich war es für die meisten Menschen kein Problem. Aber was sollte sie machen, wenn es das für Johannes war? Um das rauszufinden musste sie mit ihm reden. Aber wie?

Mit einem Mal wurde ihr die Nähe zu ihm bewusst. Sie hatten sich auf das Sofa gesetzt. Ihre Knie berührten sich fast. Sie musste nur den Arm ausstrecken und sie könnte sein wettergegerbtes Gesicht berühren. Aber das wollte er nicht. Er wollte eine klare Aussage von ihr. Was sie nur zu gut verstand.

Caro sprang auf und ging ans Fenster. Ganz zart ließ die Dunkelheit den Morgen erahnen. Wie oft hatte sie von den verschiedensten Orten auf der Welt geträumt. Und überall wollte sie den Sonnaufgang beobachten. Aber würde sie das jemals können?

Sie gab sich einen Ruck, drehte sich um und lehnte sich an die Fensterbank. Ohne weiter zu grübeln, erzählte sie Johannes eine Geschichte.

»Ich kenne eine Frau, die ist unsterblich in einen Mann verliebt. Und sie weiß, dass er es auch in sie ist. Das Glück könnte perfekt sein, wenn da nicht dieses Problem wäre. Sie hatten viele Reisepläne und sie wollte diese Träume auch wirklich wahr werden lassen. Aber immer und immer wieder ging es dabei darum, wann sie wohin fliegen könnten. Wann würden sie endlich auf Weltreise starten können?«

Caro räusperte sich. Sie schloss die Augen und sprach schnell weiter.

»Aber die Frau konnte nicht fliegen. Sie konnte ja nicht mal mit dem Zug oder Bus fahren. Sie hatte Angst, mit vielen Menschen eingesperrt in einem Raum zu sein. An Fliegen war erst gar nicht zu denken. Wenn es nicht am Boden ging, dann erst recht nicht in der Luft. Also suchte sie immer und immer wieder nach Ausreden. Sie träumte sich weit weg, aber sobald sie aus ihren Träumen aufwachte, blieb da nur die Angst. Angst, Angst, Angst ...«

Die Tränen rannen über Caros Wangen. Ihr ganzer Körper bebte. Auch jetzt fühlte sie Angst. Angst, überhaupt die Augen zu öffnen.

»Dann nahm der Mann die Frau zärtlich in den Arm und hielt sie fest, bis sie die Augen wieder öffnete.«

Caro hörte Johannes‘ weiche Stimme direkt an ihrem Ohr. Sie spürte seine vorsichtige Umarmung. Die Wärme seines Körpers umhüllte sie mit Liebe.

Zaghaft öffnete sie die Augen und schaute direkt in die blauen Augen von Johannes.

»Liebevoll küsste er ihre Tränen fort und zauberte damit ein kleines Lächeln in ihr Gesicht.«

Ungläubig lächelte Caro.

»Langsam legten sie sich auf das Bett und sprachen den Rest der Nacht darüber, wie sie mit dem Problem der Frau gemeinsam umgehen könnten.«

Caros Lächeln wurde immer breiter. Nur zu gern ließ sie sich von Johannes an die Hand nehmen und ins Schlafzimmer führen. Als sie auf dem Bett lagen, schauten sie sich lange in die Augen. Die Blicke sagten mehr als Worte. Seine zärtlichen Hände erkundeten ihren Körper. Streichelten über ihre Haut und damit auch ihre Seele. Caro fühlte sich befreit. Endlich konnte sie richtig loslassen.

»Und wie ging die Geschichte aus? Was wurde aus dem Problem der Frau?«, fragte Caro, bevor sich ihre Lippen wieder trafen.

Die Antwort blieb Johannes ihr schuldig, aber in den nächsten Stunden fühlte sie, dass sie ganz sicher gemeinsam eine Lösung finden würden.

Anne

Am nächsten Morgen fühlte sich Anne noch mieser als am Abend davor. Der Junggesellinnenabschied war gründlich in die Hose gegangen. Da hatte auch die schöne Deko nicht geholfen. Nach dem, was Stine alles erfahren hatte, konnte keine Stimmung mehr aufkommen. Es fühlte sich schon jetzt wie die schrecklichste Hochzeit an, die sie je besucht hatte. Am liebsten würde Anne davonrennen. Sich ihre beiden Freundinnen und Linnea schnappen und weit wegfahren. Zumindest Caro und sie würde keiner vermissen. Bei Stine war das anders. Arthur liebte sie ja. Aber er war ein Weichei. Wie konnte er Stine das antun?

Was ihr nicht in den Sinn wollte, war die Tatsache, dass Arthur auch als knallharter Geschäftsmann und Anwalt galt. Jedenfalls was sie so gehört hatte. Also konnte er sich nur nicht gegen seine Familie, oder besser gegen seine Mutter durchsetzen? Das konnte kein gutes Ende für Stine nehmen. Es hatte ja noch nicht mal einen guten Anfang. Wie konnte sie ihrer Freundin nur aus dieser Misere helfen? Und wollte Stine überhaupt, dass sie ihr Ratschläge gaben? Als sie gegen ein Uhr nachts das Haus verließ, war sie sich hundertprozentig sicher, dass sie alles richtig machte, wenn sie Arthur heiratete. Ben war schließlich vergeben. Sie wollte sich nicht zwischen ihn und seine Familie drängen.

Und Arthur würde dafür sorgen, dass es ihr gut ging. Davon war Stine felsenfest überzeugt.

Anne hatte mit Caro noch eine Weile zusammen gesessen und geredet. Aber natürlich gab es keine Lösung. Und morgen sollte die Hochzeit stattfinden. Selbst die lokale Presse hatte sich angekündigt. Anne wurde schlecht bei dem Gedanken.

Müde machte sie sich daran, die Küche aufzuräumen. Im Flur erinnerte sie sich wieder an das Bild für Stine und holte es hinter dem Garderobenschrank hervor.

Es zeigte ein Liebespaar, das eng umschlungen am Strand lag. Kurvenreiche Formen und weiche Schattierungen verzauberten den Betrachter. Selbst das Licht der Sonne konnte man trotz Kohlezeichnung erahnen. Das war das erste wirklich gelungene Werk, wie Anne fand. Als sie es vollendet hatte, galten ihre ersten Gedanken Stine und Ben, die sie beide an diesem Tag getroffen hatte. Natürlich hätte sie ihre Gedanken zu dem Bild für sich behalten, aber sie hätte es Stine gern gestern Abend geschenkt und damit endlich ihren Freundinnen von ihrer neuen Leidenschaft erzählt.

Lächelnd lehnte sie das Bild in der Küche gegen den Schrank. Vielleicht half es ihr ja, doch noch an die große Liebe zu glauben, wenn sie es ab und an betrachten konnte. In letzter Zeit hatten sich starke Zweifel in ihrem Innersten breitgemacht. Vielleicht war es ja doch so, wie viele behaupteten, dass die tiefen Gefühle nicht für immer blieben. Bisher hatte sie sich gegen diese Meinung gewehrt. Sie und Raul waren ja das beste Beispiel dafür gewesen.

Anne hatte nicht gehört, dass sich die Haustür geöffnet hatte, weshalb sie zusammenschrak, als Raul plötzlich in der Küche stand. Er hatte Linnea zu seinen Eltern gebracht und wollte anschließend zur Arbeit fahren.

»Was machst du hier?«, fragte sie aus einem Reflex heraus und ärgerte sich sofort selbst darüber. Und natürlich reagierte Raul genauso, wie sie vermutete.

»Keine Angst, ich bin gleich wieder weg«, antwortete er gereizt.

Anne hielt diese Situation nicht mehr aus. Gestern Abend hatte er nicht mal ihren Freundinnen Hallo sagen können, als er nach Hause gekommen war. Es war wieder spät bei ihm geworden. Alle drei hatten darauf gewartet, dass er kurz ins Wohnzimmer schauen würde, aber Raul war direkt ins Bad und danach ins Kinderzimmer schlafen gegangen. So ging das einfach nicht weiter.

»Raul, ich möchte, dass wir jetzt darüber reden, wie wir weiter machen wollen!« Anne schaffte es, mit fester Stimme zu sprechen.

»Aha, du möchtest also ausziehen?«, fragte Raul, ohne sie anzuschauen.

»Was? Warum sollte ich ausziehen wollen?« Anne schüttelte perplex den Kopf. »Und wohin überhaupt?«

»Na ja, ich dachte, das würdest du mir jetzt endlich sagen.«

Raul schaute Anne direkt an. Sie hielt seinem Blick stand, bis er sich wegdrehte. Ihr fiel beim besten Willen nicht ein, was Raul meinen könnte. Verzweifelt suchte sie nach Worten, um das Gespräch fortzusetzen und in die gewünschte Bahn zu lenken.

Raul betrachtete Stines Einladungskarte.

»Weißt du noch? Unsere Hochzeit?«, fragte er und Anne hatte das Gefühl, seine Stimme klinge weicher.

»Natürlich kann ich mich daran erinnern. Das war für mich der schönste Tag in meinem Leben. Neben Linneas Geburt«, hauchte Anne.

»Und warum machst du dann jetzt alles kaputt?«, Rauls Stimme begann wieder zu kippen.

»Ich verstehe das nicht, Raul. Ich mache nichts kaputt! Ich liebe dich aus tiefstem Herzen! Kannst du mir bitte endlich sagen, was mit dir los ist?«, flehte sie Raul an.

Raul trat auf sie zu. Unendlich traurige Augen schauten Anne an. Vorsichtig nahm er ihr Gesicht in seine Hände. Er schien nach Worten zu suchen. Sein Blick glitt gequält hin und her. Anne wagte es kaum noch zu atmen. Endlich würden sie sich wieder annähern. Ihre ganze Zuversicht lag in ihrer Körpersprache.

Plötzlich verhärteten sich Rauls Züge wieder. Ruckartig ließ er sie los und zeigte auf das Bild, das noch immer am Küchenschrank lehnte.

»Was ist das?«, fragte er barsch.

Anne zog die Luft scharf ein. Verflucht, warum hatte sie es nicht wieder nach oben gebracht. So wollte sie Raul nicht davon erzählen. Aber nun war es zu spät.

»Das ist eine Kohlezeichnung«, antwortete sie vage.

»Das sehe ich! Du musst mich nicht für dumm verkaufen!« Rauls Gesichtsfarbe wechselte auf Dunkelrot. »Möchtest du deinen Lover jetzt schon bei uns ins Wohnzimmer hängen?«

Für einige Sekunden musste Anne über Rauls Frage nachdenken. »Lover? Wieso Lover?«, murmelte sie vor sich hin und schaute auf das Bild. Also, mit viel Fantasie könnte man meinen, dass sie selbst die Frau auf dem Bild wäre. Aber das war doch keine Absicht von ihr gewesen.

Mit einem Mal ging Anne ein Licht auf. Sie starrte abwechselnd vom Bild auf ihren Mann und wieder zurück, dann brach sie in schallendes Gelächter aus.

»Du glaubst, dass das hier ...« Weiter kam sie nicht. Eine Welle der Erleichterung brach über sie hinein. Sie konnte jetzt nicht anders, sie musste Raul umarmen.

Verdutzt schloss auch Raul sie in die Arme, blieb jedoch steif stehen.

»Anne, was soll das? Machst du dich über mich lustig?« Raul schob sie wieder ein Stück von sich.

»Nein, mein Lieber! Das würde ich nie tun«, antwortete Anne nun sanfter. »Komm, ich zeig dir was.«

Anne führte Raul hinauf auf den Dachboden. Bild um Bild stellte sie im ganzen Raum auf. Sie war selbst erstaunt, wie viele es mittlerweile waren. Sie konnte sich an jedes einzelne Bild erinnern. Und sie entdeckte, welche Fortschritte sie im Laufe der Monate gemacht hatte.

»Und? Wer ist es?«, fragte Raul, der abseits stand und die Arme vor dem Körper verschränkt hatte.

»Wer ist was?«, fragte Anne verdutzt zurück. Sie war immer noch ganz in ihre Bilder vertieft.

Raul rollte mit den Augen.

»Der Mann auf den Bildern! Wer ist das? Wegen dem hast du doch bestimmt angefangen zu malen!« Trotzig hob er das Kinn in Richtung der Bilder, als würde er dem großen Unbekannten eine Kampfansage machen. »Die Frau bist ja wohl du, oder?«

Wieder betrachtete Anne die Bilder. Raul hatte recht. Auf allen Bildern ähnelte das zarte Wesen ihr selbst. Sie musste grinsen. Das sollte sie schnellstens ändern. Sie musste unbedingt bei ihrem nächsten Versuch eine neutralere Elfe aufs Papier zaubern, sonst konnte sie die Bilder niemandem zeigen oder verschenken. Geschweige denn das eine oder andere verkaufen. Aber so weit war sie noch lange nicht.

Anne legte den Kopf schief und schaute Raul zärtlich an.

»Und deswegen warst du jetzt wochenlang sauer auf mich? Weil du dachtest, dass ein anderer Mann hinter meinem neuen Hobby steckt?«

Plötzlich fiel ihr auf, dass sie Raul ja absichtlich noch nie etwas von ihrem Malkurs erzählt hatte.

»Woher weißt du eigentlich davon?« Sie macht eine ausladende Handbewegung.

Raul zuckte mit den Schultern.

»Na ja, ich bin auch manchmal auf dem Boden. Schließlich liegen hier meine alten Platten. Ab und an höre ich mal eine davon. Irgendwann lag ich auf dem Fußboden und habe hinter dem Schrank deine Bilder entdeckt. Also, erst habe ich mich gewundert, was das wohl sein könnte. Aber dann ...«

Versonnen schaute er aus dem Fenster.

»Aber dann wurden es immer mehr. Und immer wieder warst du mit diesem Mann in den unmöglichsten Posen darauf. Was hätte ich denn denken sollen?«, fragte Raul jetzt leise.

»Das ist nicht die Frage, was du hättest denken sollen. Sondern was du hättest tun sollen! Nämlich mich einfach darauf ansprechen, als mir ewig und drei Tage aus dem Weg zu gehen. Seit wann reden wir denn nicht mehr miteinander?«

Anne war ihrerseits ziemlich laut geworden. In ihr kochten die ganzen schlechten Gefühle der letzten Wochen hoch. Ungläubig stand sie da und schüttelte mit dem Kopf.

»Ich wollte eben, dass du mir selbst davon erzählst. Und als du immer öfter abends nach oben verschwunden warst, dachte ich, dass du sicher an einen anderen denkst. Schließlich hast du dich immer erst vergewissert, ob ich auch wirklich schlafe.«

Traurig schaute Anne ihren Mann an.

»Und dann warst du natürlich zu stolz, mir einfach mal hinterherzukommen und mich zur Rede zu stellen. Das geht ja bei einem feurigen Spanier nicht. Lieber machst du uns das Leben wochenlang zur Hölle. Also wirklich, Raul!«

Auf Annes Stirn hatte sich eine tiefe Falte gebildet. »Eigentlich wollte ich einfach nur besser werden, bevor ich dir die Bilder zeige. Ich hatte Angst, du würdest mich auslachen und dass ich dann nicht mehr weitermalen würde.«

Raul war langsam auf Anne zugegangen. Sie standen sich jetzt ganz nah gegenüber.

»Ich bin so ein Dummkopf«, flüsterte er und nahm ihr Gesicht in seine Hände. Er beugte sich hinab und küsste sie zärtlich auf die Nasenspitze.

»Ein stolzer Dummkopf«, hauchte Anne.

Raul nickte leicht und küsste sie auf beide Augen.

»Ein gut aussehender und zärtlicher Dummkopf«, hauchte Anne weiter.

Wieder nickte Raul und küsste sie vorsichtig auf den Mund.

»Ein Dummkopf, den ich aus tiefstem Herzen liebe!« Anne brachte die Worte kaum noch über ihre Lippen. Sie schlang ihre Arme um Rauls Hals und ließ sich von ihm hochhheben. Liebevoll drückte er sein Gesicht in ihre Halsbeuge.

»Ich liebe dich, Princesa! Bitte verzeih mir!«

Anne antwortete nicht mehr. Sie spürte Rauls Verlangen nach ihr. Sie presste sich an ihn, umklammerte seine Hüfte mit ihren Beinen.

Vorsichtig ging er in die Knie, ohne dass sie sich losließen. Ihre Küsse wurden immer inniger.

Anne konnte nur noch an das eine denken. Sie wollte Raul auf der Stelle vernaschen. Hastig riss sie ihm das T-Shirt vom Leib, wartete nicht, bis er ihres zu fassen bekam, sondern zog es selbst über den Kopf. Seine Hände waren plötzlich überall. Sie stöhnte auf, beugte sich ihm entgegen.

Die Tränen liefen ihr über die Wangen und sie lachte. Auch Raul strahlte über das ganze Gesicht. Seine Augen glühten vor Liebe.

»Nie wieder lasse ich dich los, meine Liebste!«, stöhnte er vor Verlangen und drückte sie sanft auf den Boden.

»Nie wieder!«, flüsterte Anne und gab sich ihm voller Leidenschaft hin.

Stine

Traurig wartete Stine darauf, dass ihr doppelter Espresso aus dem Kaffeeautomat lief. Nach dem gestrigen Abend war das schon der fünfte Muntermacher an diesem Tag. Sie war nach dem Frühstück direkt in ihr Café gegangen und hatte neue Rezepte ausprobiert. Die Hände in den Teig stecken und bloß nicht denken. Immer wenn sie untätig herumsaß, fielen unerlaubte Gedanken über sie her. Nein, sie wollte nicht an Caros Neuigkeiten von gestern denken. Die brachten doch alles durcheinander.

Was lief nur gerade alles schief in ihrem Leben? Eigentlich sollte sie einen Tag vor der Hochzeit voller Vorfreude sein. Stattdessen fühlte sie Angst, die von Tag zu Tag mehr wurde. Vielleicht war das aber auch normal. Ob es anderen Bräuten auch so ging? Sie wusste es nicht. Sie wusste nur, dass es sich nicht gut anfühlte. Und dass sie es sich immer anders vorgestellt hatte.

Seufzend setzte sie sich an ihren Lieblingstisch im Café. Heute und morgen blieb das Café geschlossen. Jetzt war sie froh, dass sie sich von ihren Freundinnen dazu hatte überreden lassen, auch schon Freitag zu schließen. Ursprünglich deswegen, weil sie am Vorabend eine Sause hatten machen wollen. Aber das war ja dann nichts mehr geworden.

Stine stützte ihren Kopf in die Hände. Wie hatte Jennifer ihr und Ben so etwas antun können? Was hatte sie sich nur dabei gedacht? Statt die Mitleidstour zu fahren, hätte sie doch einfach mit Heiner glücklich sein können. Der Arme wusste ja schließlich auch nicht, dass Lilo seine Tochter war.

Ein lautes Klopfen riss sie aus ihren Gedanken. Erschrocken fuhr sie auf. Hatten die Leute denn keine Augen im Kopf? Es stand doch groß und breit dran, dass heute geschlossen war.

Mühsam schob sie sich vom Stuhl hoch und schlurfte zur Tür. Schon von Weitem erkannte sie seine Statur. Ruckartig blieb sie stehen und schaute durch die Glastür in zwei strahlend blaue Augen.

Ben legte seine Hand an die Scheibe. Seine Lippen formten ein »Bitte« und seine Augen flehten sie an.

Stines Herz klopfte wie wild. Ihr Verstand mahnte, die Tür besser nicht zu öffnen. Aber ihr Herz machte sich selbstständig. Ohne den Blick von seinen Augen zu nehmen, öffnete sie die Tür und trat einen Schritt zurück, um Ben hereinzulassen.

Vorsichtig schob sich er durch die Tür und schloss sie leise hinter sich. Noch immer blickten sie sich an. Keiner sagte ein Wort. Stine hatte das Gefühl, das Knistern zwischen ihnen greifen zu können. Aber sie tat es nicht. Sie durfte sich nicht verbrennen.

»Stine, ich musste damals gehen!«, begann Ben nach einer gefühlten Ewigkeit.

Stine schaute ihn weiter an.

»Ich habe dich so sehr geliebt. Deshalb musste ich gehen.«

Stine nickte. Langsam trat sie ans Fenster und schaute hinaus aufs Meer.

»Es sollte eigentlich nur ein Urlaub werden, aber die Sehnsucht nach dir hat einfach nie aufgehört. Immer wieder habe ich mir gesagt, dass ich nur darauf warten muss, bis sich meine Gefühle zu dir gefestigt hätten. Die Zeit würde schon alle Wunden heilen. Aber das tat sie nicht.«

Ben war mittlerweile neben sie getreten. Ihre Arme berührten sich. Prickelnde Nadelstiche schossen durch Stines Körper.

»Ich wusste nicht, dass Jennifer mir ein Kind angehängt hatte. Bei dem wenigen Kontakt, den ich zu meinen Eltern hatte, habe ich es nie erfahren.«

Als sich ihre kleinen Finger berührten, zog Ben ihre Hand zärtlich in seine. Unfähig sich zu bewegen, ließ Stine es zu. Sie spürte Ben mit jeder Faser ihres Körpers. Selbst die Atmung hatte sie nicht mehr unter Kontrolle. Alles fühlte sich unglaublich gut an, endlich wieder lebendig. Eine Träne kullerte über Stines Wange.

»Ich habe dich doch auch so sehr geliebt«, begann sie leise. »Ich war verletzt, das stimmt. Aber ich hätte dich nie gehen lassen. Als du weg warst, war ich bei deinen Eltern und habe sie angefleht, dass sie mir deine Adresse geben sollten. Aber du hattest es ihnen untersagt. Also wollte ich selbst herausfinden, wo du bist.«

Stine machte eine Pause. Sie konnte das Schluchzen kaum noch unterdrücken.

»Und dann kam Jennifer mit der Nachricht, dass das Kind, das sie in sich trägt, von dir sei. Eine Welt war für mich zusammengebrochen. Ich wollte es nicht glauben, wollte aus diesem schlechten Traum aufwachen. Aber es war kein Traum.«

Jetzt war es ihr auch schon egal. Sie ließ ihrer Traurigkeit freien Lauf. Die ganzen aufgestauten Gefühle bahnten sich ihren Weg. Ungehemmt schluchzte sie.

»Und selbst dann bist du nicht zurückgekommen.«

Immer wieder musste Stine absetzen, weil ihr die Luft wegblieb.

»Und irgendwann kam die Wut auf dich! Und die Erkenntnis, dass du wahrscheinlich nicht so bist, wie ich es immer gedacht habe. Der Ben, den ich kannte, der hätte sich nicht vor der Verantwortung gedrückt. Der hätte sich um das Baby gekümmert. Aber du kamst einfach nicht. Und das war meine Rettung. So konnte ich dich hassen. So konnte ich mir sagen, dass ich mir nie so einen Vater für meine Kinder gewünscht hätte.«

Ohne Vorwarnung zog Ben sie in seine Arme. Schluchzend legte Stine ihren Kopf an seine Schulter. Er roch noch genauso gut wie damals. Auch sonst fühlte sich alles an wie damals. Immer fester drückte Ben sie an sich. Vorsichtig legte er seine Lippen auf ihre Haare. Stine blieb die Luft weg. Sie schob sich ein Stück von ihm weg und schaute ihm tief in die Augen. Da war er wieder. Ihr Ben. Ihre große Liebe. Sie hatten noch nie viele Worte gebraucht. Ihre Verbindung lag viel tiefer.

Mit zärtlichem Blick beugte sich Ben zu ihr herunter und küsste sie zaghaft auf den Mund. Ihre Lippen schienen zu brennen. Das Feuer breitete sich im ganzen Körper aus. Ihre Küsse wurden inniger. Alles um sie herum schien sich zu drehen. Für Stine blieb die Zeit stehen. Sie wünschte sich, dass dieser Moment nie aufhören würde.

»Wäre ich denn als Vater für deine Kinder infrage gekommen?«, flüsterte Ben, ohne sich mit seinem Mund weit von ihren Lippen zu entfernen.

Stines Augen waren Antwort genug für ihn.

»Dann lass uns noch einmal von vorn anfangen. Lass uns eine Familie gründen.«

Ein leichter Ruck ging durch Stines Körper. Sie wollte von ihm abrücken, aber er ließ sie nicht los.

»Ben, du hast schon eine Familie. Da werde ich mich nicht dazwischen drängeln.«

Wieder versuchte sie, sich loszumachen.

»Es gibt keine Familie in Alaska«, antwortet Ben schnell. »Ich habe sie erfunden, um meine Eltern zu beruhigen. Sie haben sich immer so viele Sorgen um mich gemacht.«

Verwirrt schaute Stine ihn an.

»Aber ich habe Bilder gesehen!«, sagte sie.

»Das waren die Kinder von einem Kumpel. Und auch seine Frau. Glaub mir bitte, ich hätte nie eine andere Frau lieben können als dich!«

Wieder küsste er Stine zärtlich.

Aber irgendetwas hatte sich mit dem letzten Satz in Stines Bewusstsein geschlichen. Er hätte nie eine andere Frau lieben können? Und was hatte sie gemacht? Sie hatte sich in einen anderen Mann verliebt. Auch wenn es eine andere Art von Liebe war. Und dieser Mann wollte sie morgen heiraten. Dieser Mann vertraute ihr. Panik machte sich in Stine breit. Ihre Atmung beschleunigte sich. Nein, sie würde jetzt nicht anfangen zu zappeln.

Heftig drückte sie Ben von sich. Er hatte also auch gelogen. Die ganze Zeit über! Erst Arthur mit der Lüge, dass er für sie beide eine Wohnung finden würde. Dann Jennifer und das Baby und jetzt Ben. Das war zu viel für Stine. Sie konnte doch nicht nur von Lügnern umgeben sein.

Hektisch drehte sich um, wusste nicht, was sie jetzt tun sollte. Ihr Blick fiel auf das Brautkleid, das sie mit ins Café gebracht hatte und das jetzt am Bücherregal hing. Dieses verhasste Brautkleid. Am liebsten würde sie es verbrennen.

Ein tiefer Seufzer bahnte sich seinen Weg durch ihre Brust nach draußen. Sie brauchte Luft, musste atmen.

Ben war wieder auf sie zugetreten, um sie zu beruhigen.

»Lass mich in Ruhe!«, brüllte sie. »Lasst mich doch alle in Ruhe!«

Mit letzter Kraft schob sie Ben zur Tür hinaus, verschloss diese hastig und rannte nach hinten in die Backstube. Sie lehnte sich an die Wand, rutschte schreiend auf den Boden und ließ ihren Gefühlen freien Lauf.

Arthur

»Mist!«, schimpfte Arthur und zog die Luft scharf ein. Genau das hatte er versucht zu vermeiden. Ein kleines Blutrinnsal bahnte sich seinen Weg Richtung Kinn. Er tupfte es ab und widmete sich weiter seiner Rasur.

Heute war also der große Tag. Heute würde er Stine heiraten. Sein Herz machte einen kleinen Hüpfer, als er daran dachte, wie sie vor dem Traualtar stehen würde.

Seine Mutter hatte sich auch in diesem Punkt durchgesetzt. Laut Familientradition wurde erst kirchlich geheiratet. Die standesamtliche Trauung folgte am Montag im kleinsten Kreis. Die war nicht wichtig. Es durfte nicht sein, sich das erste Ja-Wort vor einem weltlichen Standesbeamten zu geben. Das erste Ja-Wort zur gemeinsamen Ehe musste vor Gott gesprochen werden.

Arthur schnaubte. Als ob sich seine Mutter sonst immer so christlich verhielt. Wie viele Menschen hatte sie im Laufe ihres Lebens schon manipuliert und wie viele Situationen in ihrem Sinne entschieden. Wer sich nicht fügte, wurde verstoßen. Stine war der liebenswerteste Mensch, den Arthur kannte. Aber selbst sie fand vor der Herrschsucht seiner Mutter keine Gnade.

Arthur musste an den Donnerstagabend mit Klaas denken. Stine war bei ihren Freundinnen zum Junggesellinnenabschied gewesen. Und da auch das ein No-Go für seine Familie war, hatte er den Abend mit seinem besten Freund und ein paar Bierchen verbracht. Zu mehr hatte er sowieso keine Lust verspürt.

Lange hatte ihm Klaas ins Gewissen geredet, dass die Voraussetzungen für eine Hochzeit nicht die besten wären. Seine Mutter mischte sich viel zu viel ein. Arthur selbst hatte das Gefühl, dass mit Stine irgendetwas nicht in Ordnung sei und dann war da ja immer noch der Wunsch, nach Amerika zu gehen.

Klaas hatte die Dinge kurz und bündig auf den Punkt gebracht und damit in Arthur eine Welle von Gefühlen und Gedanken ausgelöst, von denen er nicht wusste, wohin sie führen würden. Den ganzen gestrigen Tag hatte er in seiner Wohnung verbracht. Im Büro hatte er sich entschuldigt und Stine erst am Nachmittag versucht zu erreichen, sie aber nicht ans Telefon bekommen.

Und irgendwie war ihm das ganz recht gewesen. Er hatte Zeit für sich gebraucht.

Immer wieder war er im Wohnzimmer auf und ab getigert. Stine hatte recht, sie konnten nicht in das Gartenhaus seiner Eltern ziehen. Das würde ihre Beziehung von Anfang an zum Scheitern verurteilen. Arthur hatte sich Argumente für seine Mutter ausgedacht, diese ausformuliert und umgeschrieben und am Ende probehalber seinem Spiegelbild zum Besten gegeben.

Nun schüttelte er den Kopf über so viel Naivität. Was ihm gestern noch als Heldentat erschienen war, kam ihm heute nur noch lächerlich vor. Er war noch immer der Meinung, dass sie nicht dort einziehen konnten, aber nicht, wenn er sich vor seiner Mutter rechtfertigen würde. Es musste eine andere Lösung geben. Und die würde er mit Stine gemeinsam finden. Nach der Hochzeit.

Arthur ging ins Schlafzimmer und nahm das frisch gebügelte Hemd vom Bügel. Vorsichtig glitt er hinein. Klaas hatte ihm auch noch etwas anderes erzählt. Die Geschichte von Stine und Ben. Und einer gewissen Jennifer, die er vom Sehen her kannte. Von Ben hatte er noch nie gehört. Irgendwie hatte er mit dieser Clique von damals nichts zu tun gehabt, und Stine hatte nie ein Wort über ihn verloren.

Und jetzt war Ben wieder da, wie Klaas sagte. Ob Stines Verhalten darauf zurückzuführen war? Arthur konnte es nicht sagen. Hätte sie nicht vielleicht mit ihm gesprochen, wenn es so wäre? Wieder schüttelte er gedankenverloren den Kopf. Nein, Stine würde nie etwas tun oder sagen, was ihm wehtun könnte. Das war auch ein Grund dafür, dass er sie so sehr liebte. Und Stine verließ sich auf ihn. Wenn er eher von ihrer früheren Beziehung erfahren hätte, hätte er sie darauf ansprechen können. Aber so kurz vor der

Hochzeit fand er es unpassend. Er würde heute zu seinem Wort stehen und Stine zu seiner Frau nehmen, immer für sie da sein. Auch wenn das bedeutete, den großen Traum von Amerika zu begraben. Dann sollte das wohl so sein.

Als Arthur sein Jackett schloss und sich wohlwollend im Spiegel betrachtete, fiel ihm ein, dass er Stine gar nicht mehr nach dem Kleid gefragt hatte. Ob es ihr passte? Und ob es ihr überhaupt gefiel? Hoffentlich versaute ihnen seine Mutter nicht den schönen Tag, falls Stine doch ein anderes Kleid anziehen würde. Ihm war es jedenfalls egal, für welches Kleid sich Stine entschieden hatte. Für ihn war sie so oder so die schönste Frau der Welt. Ein kurzer Gedanke blitzte auf. Ob er Stine bei dem Kleiderthema hätte mehr zur Seite stehen müssen?

Das Klingeln der Türglocke riss ihn aus seinen Gedanken. Das musste Klaas sein, der ihn zur Kirche begleitete. Noch einmal schaute er in den Flurspiegel und richtete seine Krawatte. Ein unsicheres Lächeln huschte über sein Gesicht. Sicher ging es vielen Menschen kurz vor der Hochzeit so. Denn irgendwie wusste er gerade nicht genau, ob er wirklich bereit war für diesen großen Schritt.

Stine

Erschrocken hob Stine den Kopf. War jemand in ihrer Wohnung? Sie wischte sich eine feuchte Spur von der Wange, die sich im Schlaf gebildet hatte.

Verwirrt schaute sie sich um. Sie war nicht in ihrer Wohnung. Und ihrem steifen Genick nach zu urteilen, hatte sie auch nicht in ihrem Bett geschlafen. Langsam kam die Erinnerung zurück. Ben war da gewesen, bis sie ihn vor die Tür gesetzt hatte. Danach wurde es verschwommener. Sie hatte irgendwann zwei Sessel zusammengeschoben und es sich darauf gemütlich gemacht. Und dann war da die Flasche Rotwein, die schon seit ewigen Zeiten im Kühlschrank der Backstube stand. Vorsichtig lugte Stine über den Rand der Sessellehne. Dort lag die leere Flasche, aber etwas anderes erregte ihre Aufmerksamkeit. Weißer Tüll soweit das Auge reichte. Und wenn sie es in ihrem verkaterten Zustand richtig sah, war das weiße Etwas in viele Einzelteile zerschnitten.

Stines Herz raste bei dem Anblick. Sie hatte doch nicht das Hochzeitskleid ... Schnell sprang sie auf und rannte in den Gastraum. Alles drehte sich. Sie musste sich am Tresen festhalten. Oh Gott, sie hätte sich nicht so schnell bewegen dürfen. Der Restalkohol drehte ihren Magen auf links. Stine würgte. Sollte sie das Zeug jetzt wieder loswerden?

Oder besser kämpfen? Und wie sollte sie den Tag heute überstehen? Die Hochzeit? Das Kleid? Jäh fiel ihr wieder ein, weswegen sie rausgerannt war. Ganz vorsichtig hob sie den Kopf. Und da hing es. Unversehrt und zum Anziehen bereit. Aber was lag dann in der Backstube?

Lautes Klopfen an der Glastür riss sie aus ihren Gedanken. Stine hielt sich den Kopf. Sie musste zur Tür, damit das Hämmern aufhörte. Aber mit Slip und BH einem Gast die Tür zu öffnen, erschien ihr nicht sehr professionell. Schnell hockte sie sich hinter den Tresen. Was sollte sie jetzt tun? Sicher würde derjenige wieder verschwinden, wenn er das Schild las, dass erst Montag wieder geöffnet sein würde.

Aber das Klopfen hörte nicht auf. Jetzt vernahm sie Stimmen. Vorsichtig lugte sie hinter dem Tresen hervor und sah erleichtert, dass Anne und Caro versuchten, im Innern des Cafés etwas zu erkennen.

Schnell schloss sie die Tür auf und ließ die beiden ein.

»Oh, hast du eine Party gefeiert? Ohne uns? Das nächste Mal sagst du Bescheid«, sagte Caro ironisch und schaute sich interessiert im Café um.

Erst jetzt nahm auch Stine wahr, dass es aussah, als hätte jemand gewütet. Einige Stühle waren umgefallen. Überall lagen süße oder deftige Häppchen herum. Manche noch auf Blechen, manche auf Tellern und einige auf dem Fußboden.

Anne riss die Fenster auf.

»Hier riecht es wie in einer Weinstube am Morgen danach. Was hast du gemacht?«, fragte sie ängstlich.

Stine zuckte mit den Schultern. Was hatte sie gemacht? So genau konnte sie das auch nicht mehr sagen.

»Ich habe gebacken«, probierte sie es vage.

»Aha, dein Schwiegermuttermonster kann den teuren Cateringservice doch nicht bezahlen«, versuchte es Caro erneut mit Ironie. Allerdings entging Anne die Falte auf Caros Stirn nicht. Hilflos schauten sie sich an. Nachdem sie Stine zum vereinbarten Zeitpunkt nicht in ihrer Wohnung angetroffen hatten, waren sie, so schnell es in Absatzschuhen und schickem Outfit eben ging, zum Café gehetzt.

Unauffällig schielte Anne auf ihre Armbanduhr. Sie hatten noch etwa zwei Stunden bis zur Trauung.

»Okay, meine Liebe«, sagte sie entschieden zu Stine. »Du hast jetzt zwei Möglichkeiten! Entweder bleiben wir heute den Tag über hier, hauen uns mit deinen Leckereien den Bauch voll und Arthur muss leider auf seine süße Frau verzichten. Oder du machst dich jetzt frisch, wir richten dich so gut es eben geht her und in zwei Stunden wirst du Frau Barmstede sein.«

Caro nickte Anne anerkennend zu. So kämpferisch hatte sie sie schon lange nicht mehr gesehen.

»In jedem Fall erzählst du uns aber, was dich um Himmels willen so aus der Bahn geworfen hat!«, ergänzte Caro Annes Ansage.

Langsam ließ sich Stine in einen der Sessel sinken. Ihr war hundeelend zumute. Was sollte sie denn nur tun? Eine Hochzeit war doch nichts, was man eben mal nebenbei tat. Das sollte aus tiefstem Herzen kommen. Aber ihr Herz hatte auf stumm geschaltet. Sie empfing keine Signale mehr.

»Ben hat auch gelogen«, flüsterte sie. Mit Tränen in den Augen schaute sie zu ihren Freundinnen auf. »Er hat keine Familie in Alaska. Die hat er nur erfunden.«

Anne und Caro schauten sie mit großen Augen an.

»Und ... ist das vielleicht sogar gut?«, fragte Caro vorsichtig.

Stine schüttelte den Kopf. »Ich glaube nicht. Ich weiß nicht ...«

»Hat er dir das gesagt? Wann?«, hakte nun auch Anne nach.

»Er war gestern hier. Und wir ...« Stine stockte.

»Ihr habt doch nicht etwa ...?« Anne schlug sich die Hand vor den Mund.

»Nein, nein«, wehrte Stine ab. Sie schlug die Arme um ihren Körper. »Wir haben uns nur geküsst.«

»Und es war gut!«, stellte Caro mehr fest, als dass sie fragte.

Stine nickte unmerklich. Dann seufzte sie.

»Aber er hat gelogen! Und er war die ganze Zeit über nicht hier gewesen. Wenn er mich gewollt hätte, hätte er doch zurückkommen können, oder?« Sie setzte sich aufrechter. »Ich habe lange gebraucht, um ihn zu vergessen. Und dann kam Arthur und mit ihm die Liebe zurück in mein Leben. Wo war Ben denn da? Hat seinen Eltern Bilder von seiner Pseudofamilie geschickt. Jetzt zurückzukommen und mich durcheinanderzubringen ist nicht fair. Ich habe mir meine Leben mit Arthur aufgebaut und das lebe ich jetzt!«

Bei den letzten Worten war sie aufgesprungen und hatte das Kleid vom Schrank genommen. Jetzt fiel ihr auch wieder ein, dass eigentlich noch ein Schleier dazu gehörte. Der hatte wohl ihre nächtliche Attacke nicht überlebt. Egal, auf den konnte sie verzichten. So hatten sie es jetzt auch einfacher, ihre Haare zu bändigen.

»Und deine Schwiegermutter? Und das Gartenhaus?«, startete Caro einen letzten Versuch.

Stine pustete sich eine Haarsträhne aus dem Gesicht. »Wird sich schon eine Lösung finden«, antwortete sie. Welche genau, war ihr im Moment auch nicht ganz klar.

Die festlich gekleidete Menschenmenge schob sich allmählich in die schützende Kühle der Kirche.

Voller Freude hatte Stine ihre Eltern umarmt, die es doch noch von einer Urlaubsreise kommend zur Hochzeit ihrer Tochter geschafft hatten. Seit sie in Frührente gegangen waren, hielten sie es kaum ein paar Wochen in Berlin aus. Ständig waren sie auf Tour und erlebten interessante Abenteuer. Diesmal bestand wohl das Abenteuer darin, trotz der Pilotenstreiks pünktlich zurückzukommen.

Anne wich die ganze Zeit über nicht von Stines Seite.

»Wo ist Caro?«, erkundigte sich Stine.

»Kommt ganz sicher rechtzeitig zur Trauung«, murmelte Anne, schaute sich aber auch unauffällig um, ob Caro nicht doch endlich herbeieilte.

Immer wieder ließ Stine ihren Blick über die fröhlichen Gäste streifen. Dankbar nickte sie Raul zu, der mit Johannes an seiner Seite und Linnea auf dem Arm darauf wartete, dass seine Frau den Job als Brautjungfer erledigt und wieder Zeit für sie haben würde.

»Soll ich Arthur noch mal herausbitten?«, fragte Anne leise mit vorgehaltener Hand. »Noch kannst du das Ganze abblasen.«

Noch einmal schaute sich Stine um. Spätestens jetzt hätte Ben da sein müssen. Aber er war es nicht!

»Nein, wir ziehen das jetzt durch!«

Caro stürmte herbei und flüsterte Anne etwas ins Ohr. Traurig schüttelte Anne den Kopf.

Stine musterte sie skeptisch. Aber sie entschied sich, nicht nachzufragen. Es war alles gesagt. Die Trauung konnte beginnen.

Langsam schritt Stine neben ihrem Vater den Mittelgang entlang. Sie war froh, dass sie sich an seinem Arm festhalten konnte. Einerseits fühlte es sich für sie so an, als ob er ihr den Weg weisen würde. So, als wäre sie noch ein kleines Kind. Und andererseits konnte sie sich an ihm abstützen, da die lange Schleppe schwer an ihrer Hüfte hing. Erst jetzt fiel Stine auf, dass ihr das Kleid perfekt passte. Anscheinend hatte der Stress der letzten Tage noch einmal nachgeholfen und die Pfunde purzeln lassen. Allerdings fühlte es sich weniger siegreich an, als sie es sich vorgestellt hatte. Als sie an der ersten Bank vorbeischritten, in der ihre zukünftige Schwiegermutter saß, schob Stine ihr Kinn stolz nach vorn und lächelte ihre eigene Mutter an.

Ihr Vater geleitete sie bis an Arthurs Seite. Das würde jetzt also ihr Leben sein.

Vorsichtig wagte sie einen Blick in seine Richtung. Gisela hatte genaue Anweisungen gegeben, wann sie welche Bewegungen zu machen hatten. Aber das war ihr jetzt auch egal.

Arthur sah müde und blass aus. Hatte er gestern zu viel gefeiert? Erst jetzt fiel ihr auf, dass sie sich seit Donnerstag nicht mehr gesprochen hatten.

In diesem Moment wandte sich auch Arthur ihr zu, begleitet von einem empörten Zischen aus der ersten Reihe.

Arthur hatte dunkle Ränder unter den Augen. Als er gerade den Mund öffnete, um etwas zu sagen, begann der Pfarrer mit der Zeremonie. Stine hatte große Probleme, den Worten des Geistlichen zu folgen. Immer wieder schweiften ihre Gedanken ab. Sie hatte das Gefühl, dass es Arthur ebenfalls nicht gut ging. Immer wieder schauten sie sich fragend an.

Plötzlich spürte Stine Arthurs Hand nach ihrer greifen. Das giftige Zischen hinter ihnen wurde lauter.

Gerade als der Pfarrer zur Frage der Fragen kam, wandte Arthur sich ihr ganz zu und zog sie nah an sich heran, den Aufschrei seiner Mutter ignorierend.

»Mein Schatz, ich kann nicht ...«, flüsterte er Stine ins Ohr. Immer wieder schüttelte er traurig den Kopf. »Ich liebe dich mehr, als ich jemals eine Frau geliebt habe. Und es tut mir so leid, dass ich dich jetzt enttäusche. Bitte glaube mir, ich wünsche mir nichts sehnlicher, als mit dir zusammen glücklich zu werden. Aber ich kann nicht hierbleiben. Nicht in Ahrenshoop, nicht in Rostock und schon gar nicht im Gartenhaus meiner Eltern.«

Ungläubig starrte Stine ihn an. War sie in einem Traum oder war das hier die Wirklichkeit?

Noch einmal versuchte der Pfarrer anzusetzen, aber Arthur hob entschuldigend die Hand. Das Gemurmel unter den Gästen wurde lauter.

»Ich werde nach Amerika gehen. Ich habe einige lukrative Angebote von unseren Partnern bekommen. Ich weiß, ich hätte schon viel eher mit dir sprechen sollen. Aber ich wollte dir nicht wehtun.«

Noch immer brachte Stine keinen Laut über ihre Lippen. Die ersten Tränen rannen über ihre Wangen.

»Ich möchte dich gerne mitnehmen!« Es war mehr wie eine Frage formuliert. Noch einmal schob sich Hoffnung in Arthurs Augen.

Jetzt endlich kam wieder Leben in Stine. Unter Tränen lächelnd schüttelte sie den Kopf.

»Ich weiß, dich hier rauszureißen, könnte ich mir auch nicht vorstellen ...« Die tiefe Traurigkeit in Arthurs Augen brachen Stine das Herz.

Der Pfarrer räusperte sich. Arthur nickte entschuldigend, aber eine Sache musste er noch wissen.

»Du warst in letzter Zeit anders als sonst. Trauriger, verwirrter und irgendwie abwesender. Hat das einen Grund?«, flüsterte er. »Hat es mit Ben zu tun?«

Stines Herz setzte einen Schlag aus. Natürlich, wie hatte sie annehmen können, dass Arthur nichts von Ben und ihrem damaligen Beziehungschaos erfahren würde? Sie hätte es ihm längst erzählen sollen. Spätestens jetzt hatte er die Wahrheit verdient. So wie er ihr soeben seine Träume gebeichtet hatte.

Stine holte tief Luft und nickte. Noch immer hielten sie sich an den Händen. Tränen der Erleichterung rannen über beide Gesichter. Erst jetzt hörten sie die Ausrufe der verwunderten Gäste und die schrille Stimme von Arthurs Mutter direkt neben ihnen. Stine fiel ein Stein vom Herzen, dass sie das Wort Schwiegermutter nie wieder mit dieser Frau in Verbindung bringen musste.

»Arthur, was machst du? Das ist doch alles nicht wahr! Was sollen denn die Leute denken? Ihr stellt euch jetzt wieder ordentlich hin und macht weiter!« Giselas Stimme überschlug sich vor Erregung. Immer wieder schnappte sie nach Luft, was Stine an einen Karpfen erinnerte.

Plötzlich stand Caro vor ihr und zeigte unmissverständlich auf die Uhr. Stine verstand nicht. Wieder deutete Caro auf die Uhr und dann nach draußen.

»Mach schnell!«, wisperte sie und strahlte dabei.

Stine sah Arthur noch einmal zärtlich in die Augen.

»Es tut mir leid, ich muss los«, flüsterte sie ihm ins Ohr, küsste ihn auf die Wange und ließ seine Hand aus ihrer gleiten.

Ohne sich noch einmal umzuschauen, rannte sie los, blieb dann aber abrupt stehen.

Es war zwar kindisch, aber es musste einfach sein. Viel zu lange hatte sie sich von dieser Frau traktieren lassen. Schnell gab Stine ihren Freundinnen ein Zeichen und in Windeseile öffneten sie Stines Kleid am Rücken. Kichernd standen sie dabei, als Stine das Kleid zu Boden gleiten ließ und Gisela entgegenstreckte.

»Du hattest recht, es hat mir nicht gepasst!«

Kurz sah sie noch Arthurs Daumen zustimmend nach oben gehen, dann war sie auch schon draußen. Schnell legte Anne Stine den ärmellosen Mantel um, der als wärmende Ergänzung zu ihrem Kleid gehörte. Raul hatte sie dafür ausgelacht, schließlich sollte heute die 30 Grad Marke geknackt werden. Aber Anne fand, dass er ihr Outfit einfach perfekt machte.

»Als hätte ich gewusst, dass ich den heute doch noch brauchen würde. Also, nicht dass du in deiner Korsage nicht wirklich sexy aussehen würdest. Aber das muss ja nicht gleich ganz Ahrenshoop mitbekommen, oder?«, lachte sie unter Tränen.

Wieder drängelte Caro.

»Du hast jetzt noch genau zwanzig Minuten, um zum Hafen zu kommen«, sagte sie aufgeregt und schob Stine zur Straße.

»Warum? Was soll ich da?«, fragte Stine. Aber ihr Herz sagte ihr, dass sie ganz genau wusste, wen sie dort treffen würde.

Epilog

»Ich bin mal wieder pappsatt«, stöhnte Raul und strich sich genüsslich über den Bauch.

»Du hättest ja auch nicht unbedingt noch meine Portion verputzen müssen«, antwortete Anne schmunzelnd. »Schließlich muss ich jetzt für zwei essen, nicht du!«

Zärtlich legte Raul seine große Hand auf Annes Bauch, der noch ganz flach war.

»Ich glaube, es strampelt schon«, grinste er schelmisch.

»Ach, du Kindskopf«, lachte Anne. »Das war höchstens der Fisch, den ich gerade gegessen habe.«

Ihre Versöhnung auf dem Dachboden ihres Hauses war ein voller Erfolg gewesen. In jeglicher Hinsicht. Raul vergötterte Anne noch mehr als vorher. Ihre Zeichnungen wurden immer besser. Raul begutachtete jetzt jede einzelne von ihnen und nahm Anne danach stolz in den Arm. Obwohl der Dozent ihres Onlinekurses Raul sehr ähnelte, glaubte er Anne, dass sie beim Malen nur an ihn dachte. Und seitdem sie erfahren hatten, dass Linnea ein Geschwisterchen bekommen würde, schwebte die kleine Familie im siebten Himmel. Und wer wusste schon, was die Zukunft noch alles bringen würde? Vorsichtig tastete Anne in ihrer Handtasche nach dem Brief, den sie heute Morgen aus dem Kasten gefischt hatte. Darin wurde ihr mitgeteilt, dass sie ein Erbe antreten und zur Testamtentseröffnung erscheinen sollte. Nur, wer war der unbekannte Mann, der sie mit einer Erbschaft bedacht hatte?

Johannes räusperte sich und hob sein Schnapsglas zum Anstoßen in die Höhe. Caro und Raul taten es ihm gleich. Und Anne ließ die Gläser mit einer Apfelschorle klirren.

»Auf uns, die Liebe und ...«, begann Johannes.

»Das gute Essen im Räucherhaus?«, versuchte Raul, den Satz unter schallendem Gelächter zu beenden.

»Oder auf Segelboote mit kitschig pinkfarbenen Herzen auf weißen Segeln. Ich glaube, sie kommen«, ergänzte Caro und zeigte hinaus aufs Meer.

Johannes kniff sie leicht in den Oberschenkel.

»Ein bisschen mehr Romantik bitte«, grinste er Caro an. »Schließlich sitzt hier ein Träumer neben dir!«

»Ach ja? Und wovon träumt der Romantiker so?« Caro legte den Kopf schief und ihre Beine auf seine Knie.

»Hm, von einer einsamen Insel mit weißem Sandstrand. Das türkisfarbene Meer lässt behutsam die Wellen an Land rollen. Die Sonne verschwindet langsam am Horizont. Eine Hütte aus Schilfgras erwartet mich für die laue Sommernacht ...«

»Nebst vielen kleinen Krabbeltieren oder auch größeren, die zischen und beißen«, schmunzelte Caro.

»Nein, nebst einer bezaubernden Frau, die mich die ganze Nacht über verwöhnt.« Johannes versuchte krampfhaft, sich das Lachen zu verkneifen.

Caro hatte eine Augenbraue hochgezogen und schaute ihn herausfordernd an.

»Okay, eine bezaubernde Frau mit kurzen blonden Haaren und den blauesten Augen, die ich je gesehen habe, die ...«

»Die du die ganze Nacht verwöhnen wirst!«, beendete sie den Satz lachend. »Ja, das könnte mir gefallen!«

Voller Liebe berührten sich ihre Lippen. Seitdem Caro von ihrer Phobie erzählt hatte, schmiedeten sie konkretere Pläne. Der erste Plan hieß Therapie. Noch im September konnte sie damit beginnen und Johannes würde immer an ihrer Seite sein.

Im nächsten Sommer sollte es dann losgehen. Ein Sabbatjahr auf Reisen. Sie hatten also noch mehrere Monate Zeit, die Route zu planen. Caro fand, dass es sich schon deshalb lohnte.

»Kommt!«, holte Anne die beiden aus ihrer Träumerei. »Sie sind gleich da.«

Schnell beglichen sie ihre Rechnung im Räucherhaus, auf dessen gemütlicher Terrasse sie zu Mittag gegessen hatten.

Gerade als das Seegelboot an der nördlichen Uferseite anlegte, verließen die Freunde das Restaurant. Ben sprang an Land und machte das Boot fest. Dann half er Stine von Bord.

Sie konnte ihr Glück immer noch nicht fassen. Es war gerade mal einen reichlichen Monat her, dass sie mit wehendem Mantel durch die Straßen von Ahrenshoop gerannt war.

Sie hatte Ben sofort entdeckt. Er saß auf seinem Boot und schaute hinaus aufs Meer. Mit dem Läuten der Glocken wäre er losgesegelt. Nicht weit, nur irgendwohin, um nicht in der Nähe zu sein, wenn Frau Barmstede die Kirche verlassen würde. Und im Bewusstsein, seine Traumfrau für immer verloren zu haben.

Aber dann stand sie vor ihm. Mit leuchtenden Augen und roten Wangen. Ein paar Haarsträhnen hatten sich aus der Steckfrisur gelöst und kringelten sich fröhlich um ihr Gesicht.

Eine gefühlte Ewigkeit hatten sie sich nur angesehen und konnten beide nicht sprechen. Dann hatte Ben ihr seine Hand entgegengestreckt und sie war zu ihm aufs Boot gestiegen.

Von da an trennten sie sich nur noch, wenn es nicht anders ging. Ben beeilte sich morgens bei den Erledigungen für den Fischladen seiner Eltern. Seinem Vater ging es zwar schon viel besser, aber er konnte keine schwere Tätigkeit mehr ausüben. Also nahm er die Rolle als gute Seele des Ladens ein. Wenn er nicht gerade Schifferklavier spielte, klönte er mit der Kundschaft oder übernahm die Handlangerarbeiten. Sobald Ben seine Jobs erledigt hatte, fuhr er mit dem Fahrrad zu Stine, die ihn sehnsüchtig mit den verschiedensten Leckereien erwartete. Ihr Café war in den Sommerferien gut besucht und so konnte sich Ben auch dort nützlich machen. Abends nach getaner Arbeit saßen sie oft noch stundenlang auf der Terrasse des Cafés und schauten hinaus aufs Meer. Sie hatten keine Eile, wollten nichts planen. Sie genossen die gemeinsamen Momente und nahmen das an, was das Leben ihnen so bot. Hauptsache, sie waren zusammen.

Stine war froh, dass Arthur auch nach dem Desaster in der Kirche keinen Rückzieher gemacht hatte. Seine Mutter hatte zwar vor Wut geschäumt, aber er war noch in der folgenden Woche nach Los Angeles aufgebrochen. Stine wünschte sich sehr für ihn, dass er dort sein Glück finden würde.

Vor ein paar Tagen hatte sie noch eine frohe Botschaft vernommen. Jennifer und Heiner wollten mit den Kindern in den Ferien nach Schwerin umziehen. Angeblich weil es dort die besseren Highlander gab. Aus welchem Grund sie Ahrenshoop verließen, war ihr eigentlich egal. Sie war froh, dass sie Jennifer nicht mehr über den Weg laufen würde.

Stine sah ihre Freunde den Hafen entlangbummeln. Aus drei Freundinnen waren drei glückliche Paare geworden. Manchmal konnte sie es kaum fassen. Heute wollten sie noch gemeinsam auf die Lange Nacht der Kunst gehen und den Abend mit Tanz und guter Musik ausklingen lassen.

Stine spürte Bens starken Arm, der sich um ihre Schulter gelegt hatte. Selig schmiegte sie sich an ihn.

»Wollen wir, mein Herz?«, fragte Ben und küsste sie zärtlich auf die Stirn.

»Mit dir immer und überall hin«, hauchte Stine und Arm in Arm schlenderten sie ihren Freunden entgegen.

Danksagung

Dieses Buch könnte ich Stine, Caro und Anne widmen. Denn solche Freundinnen kann man sich nur wünschen. Und was soll ich sagen: Ich habe sie!

Da wäre zum Beispiel Sylke, die immer voller Begeisterung Ideen aus dem Hut zaubert, wenn ich in der Geschichte mal stecken bleibe.

Oder Diana, die mit viel Charme, kritischem Blick und einem Grinsen im Gesicht Zusammenhänge hinterfragt.

Oder Dorothee, die mich mit scharfem Lektoratsblick wohlwollend auf diverse Schwächen im Text hinweist.

Oder Ilka, die mir oft nach ein paar Stunden schon mit viel Motivation das erste Feedback gibt.

Oder Gaby, die sich sofort nach Hochladen des Romans an ihren E-Reader setzt und das eBook testet.

Danken möchte ich auch Anne Gebhardt, die wieder einmal ein wunderschönes Cover gezaubert hat.

Und natürlich allen meinen großartigen LeserInnen! Es macht unglaublich Spaß, neue Geschichten für euch zu schreiben!

Eure

Frida Luise Sommerkorn

Auch das gibt's von Frida Luise Sommerkorn!

Sanddornpunsch und Herzenswunsch - Ostseeliebe 2

Dass sie von einem wildfremden Mann ein verlassenes Haus in der Nähe von Ahrenshoop erbt, findet Anne schon verwunderlich. Als sie kurz darauf auch noch einen sehr persönlichen Brief von dem Verstorbenen erhält, bringt das ihre heile Welt ins Wanken. Gibt es wirklich nur einen einzigen Menschen, der das Geheimnis um ihre Vergangenheit lüften kann? Und wie kann sie ihn finden?
Dank ihrer Freundinnen Caro, deren Weltreise zu platzen droht, und Stine, deren Liebesglück zum ersten Mal auf die Probe gestellt wird, findet sie einen Weg, dem Rätsel auf die Spur zu kommen. Jedoch führt der direkt zu Bertram, dem scheinbar herzlosen Sohn des Verstorbenen.
"Sanddornpunsch und Herzenswunsch" ist der zweite Teil der Ostseetrilogie, bei dem sich wieder einmal zeigt: Freundinnen halten zusammen, egal wer kommt!

Frida Luise
Sommerkorn
Sanddornpunsch
Ostseeliebe 2
und
Herzenswunsch

Ferien Küste Kuckucksmänner - Ein Ostseeroman

Endlich Ferien! Ab an die Küste! Wären da nicht diese Kuckucksmänner ...

Prerow an der Ostsee ist das langersehnte Urlaubsziel von Jessica, ihren Zwillingen Jette und Timm sowie ihrer besten Freundin Teresa.

Aber wie fährt man so ein riesiges Wohnmobil? Was machen, wenn der Durchmarsch die Mannschaft ereilt? Und wo ist die Grube, die sich auftut, wenn man als einzig bekleideter Mensch am FKK-Strand landet?

Alles kein Problem! Mit viel Witz und Humor meistert die kleine Reisegruppe jede Hürde. Auch dann noch, als Knud (der Teresa den Kopf verdreht), Conrad (der eigentlich Haus und Hamster hüten soll) und Andreas (der Exmann mit zweifelhaften Liebesschwüren) das beschauliche Urlaubsleben durcheinander würfeln.

Ferien
Küste
Kuckucksmänner
Frida Luise
Sommerkorn

Kiwi gesucht - Ein Neuseelandroman

"Was kann jetzt noch kommen?", denkt Rosi an ihrem 60. Geburtstag. "Kaffeefahrten mit Freundinnen?"

Weit gefehlt!

Frederico (40) und Karlotta (15), Sohn und Enkelin, halten ein ganz besonderes Geschenk für sie bereit: Eine gemeinsame Reise nach Neuseeland!

Im ersten Moment ist Rosi geschockt. Hat sie doch nicht nur Bammel vor der langen Reise, sondern vor allem vor der Begegnung mit ihrer großen Liebe Fred, den sie seit 40 Jahren nicht gesehen hat.

Doch dann entwickelt sich eine amüsante Fahrt über die grüne Insel und Rosi entdeckt ganz neue Seiten an sich.

Nur: Wo ist Fred?

Kiwi
gesucht
Frida Luise
Sommerkorn

Lesen Sie gerne Krimis?

Dann ist vielleicht mein Dresdner Regionalkrimi

Milchweißes Wunder

etwas für Sie! Erschienen beim Emons Verlag Köln.

JANA THIEM
Milchweißes
Wunder
DRESDEN KRIMI
emons:

Oder Teil 2 der Krimireihe um Hauptkommissar Humboldt

Humboldt und der tiefe Fall

JANA THIEM
HUMBOLDT
UND DER TIEFE FALL
KRIMINALROMAN

Informieren Sie sich gerne auch auf meiner Website:

www.autorin-jana-thiem.de

Ich freue mich auf Ihren Besuch!

Druck:
Customized Business Services GmbH
im Auftrag der
KNV Zeitfracht GmbH
Ein Unternehmen der Zeitfracht - Gruppe
Ferdinand-Jühlke-Str. 7
99095 Erfurt